安徽省『十三五』重点图书出版规划项目

中国当代农村发展论丛 ◎ 张德元 主编

中国城乡收入差距所有制基础研究

杨阳 著

中国科学技术大学出版社

内容简介

本书从理论和实证上详细分析了所有制结构影响城乡收入差距变动的内在机制，并从经济增长速度、城市化水平和政府干预三个视角考察了所有制结构对城乡收入差距的直接及间接作用，在此基础上，对三个机制的作用方向和作用大小进行了比较。本书的理论意义在于通过梳理历年数据，发现我国城乡收入差距变动随着所有制变动而变化的规律，从所有制结构视角为解决我国城乡居民收入差距问题强化了理论深度；实践意义在于通过分析城乡居民收入差距的原因所在，提出相应的解决办法，为政府关注并解决城乡居民收入差距问题提供决策参考。

本书可作为高校师生及科研机构研究人员进行经济学、社会学等学科研究的参考资料。

图书在版编目(CIP)数据

中国城乡收入差距所有制基础研究/杨阳著．—合肥：中国科学技术大学出版社，2022.1

ISBN 978-7-312-05312-2

Ⅰ. 中… Ⅱ. 杨… Ⅲ. 居民收入—收入差距—城乡差别—所有制—研究—中国 Ⅳ. F126.2

中国版本图书馆 CIP 数据核字(2021)第 178766 号

中国城乡收入差距所有制基础研究
ZHONGGUO CHENGXIANG SHOURU CHAJU SUOYOUZHI JICHU YANJIU

出版	中国科学技术大学出版社
	安徽省合肥市金寨路96号,230026
	http://press.ustc.edu.cn
	https://zgkxjsdxcbs.tmall.com
印刷	合肥华苑印刷包装有限公司
发行	中国科学技术大学出版社
经销	全国新华书店
开本	710 mm×1000 mm 1/16
印张	9
字数	179千
版次	2022年1月第1版
印次	2022年1月第1次印刷
定价	50.00元

前言

改革开放40多年来,中国GDP保持高速增长,经济发展取得了举世瞩目的成就,城乡居民的收入水平大幅度提高。但与此同时,收入不平等问题依然未能得到有效解决,尤以城乡之间的收入差距为甚。自2010年以来,在政府各种惠农政策的实施及城市经济增长放缓的背景下,城乡收入差距有所缩小。按城乡人均可支配收入来算,2018年城乡收入差距比例已下降至2.69,但是与发达国家城乡收入差距比例普遍在1.5以下相比,中国缩小城乡差距之路依然任重道远。无论是宏观层面的财政体系、金融发展及人口流动,中观层面的产业结构升级和区域非均衡发展,还是微观层面的企业发展和家庭资源配置决策,均有相当一部分的文献对城乡收入差距产生的原因进行了探究,但是鲜有研究涉及城乡收入差距的所有制成因。尤其在中国,经济社会中的所有制结构更为复杂,并且在不同所有制行业、企业内部,要素资源流动性受到更为明显的影响,因此考察中国所有制结构如何影响以及通过何种途径影响城乡收入差距是一个值得探索的问题。基于此,本书在理论构架基础上,通过回顾中国所有制结构变动和城乡收入差距变动历程,并利用1999~2016年30个省级行政区域的宏观面板数据,对这一问题进行了深入研究。

在构架上,本书共有九章。第一章是本书的绪论部分,是对研究内容和背景的介绍。整体上梳理了目前我国城乡收入差距的现状,以及所有制结构与城乡收入差距之间可能存在的相关关系。经过以上分析,进而对本书的研究内容、思路、方法和本文的创新点、不足之处进行了简要说明。第二章是文献综述。着重介绍国内外城乡收入差距发展情况、收入分配理论研究、所有制研究相关状况等一些科研成果,为后续内容分析打好文献基础。第三章是相关理论概述。主要包括收入分配理论、经济增长与收入差距库兹涅茨倒"U"理论，以及包括托达罗模型、非均衡发展理论在内的城镇化发展与城乡收入差距间内在关联性的相关理论。第四章是特征事实描述。主要包括三节内容：一是详细分析了中国城乡收入差距的变动情况以及分区域看东中西的差异性；二是对我国所有制结构变动历程进行了梳理；三是运用统计方法，描述了全国层面以及省际层面城乡收入差距与所有制结构变动的对应关系。第五章为理论推导过程。从理论角度将政府行为引入分析框架，进而推出国有制与国家目标对于城乡收入差距的影响作用。第六章是实证分析过程。主要包括两个方面：先通过模型设定、变量设定及计量回归，对所有制结构变动与城乡收入差距的关系进行了基准回归，判断前者对后者的影响方向，并运用多种方法进行了稳健性检验；继而基于门限回归模型，探究了在不同经济发展水平下，城乡收入差距受到所有制结构变动影响的大小有何不同，并且找出具体的门限值。第七章基于 β 收敛模型构建了所有制结构的城乡收入差距收敛模型，对城乡收入差距的收敛性进行判断，并分析了所有制结构变动如何影响城乡收入差距的收敛方向和大小。第八章通过构建中介效应模型，从城市化发展情况、经济增长潜力与政府干预等三个方面论证了所有制结构影响城乡收入差距的内在机制，并充分阐述了所有制结构变动对城乡收入差距的直接影响及间接影响。第九章是相关的政策建议。一是对全文研究结论的总结，主要包括所有制如何影响城乡收入差距，以及其内部机制是什么；二是基于本文研究提出相关政策建议，以期有效抑制城乡收入差距扩大化。

本书基于实证检验得出如下结论：首先，基准回归结果显示国有经济在国民经济中比重越大，城乡收入差距就越有可能被进一步拉大。不论是使用相关替代变量，还是使用克服内生性的工具变量检验，亦或是安慰剂检验，均证实了上述结论的稳健性。其次，利用 Hansen 面板门限回归模型发现随着各地区经济发展水平的提升，所有制结构对城乡收入差距的影响存在门限效应。具体来说，在经济发展水平处于较低阶段时，国有经济占比的提高一定程度上可以抑制城乡收入差距，但是当经济发展水平超过一定程度时，国有经济占比的提升会导致城乡收入的拉大。再次，通过对 β 收敛模型进行改进，考察了区域所有制结构收敛性与城乡收入差距收敛性，发现逐渐缩小的趋势是城乡收入差距目前的典型特征，并且城乡收入差距在区域间也是趋于收敛的，收敛性关系研究也进一步验证了国有经济占比缩小会明显促进城乡收入差距缩小。最后，在城乡收入差距的所有制结构效应内在机制方面,所有制结构显著负向影响于经济增长和城市化进程,但正向影响政府干预程度,而经济增长和城市化进程负向影响于城乡收入差距,政府干预程度却正向影响城乡收入差距,因此所有制结构变动对城乡收入差距产生了直接与间接的双重影响。其中,城市化的中介作用要强于政府干预和经济增长的作用。

因此,在进行国民经济的所有制市场化改革的前提下,要同时在注重深入实施就业优先战略、加快发展职业教育、完善收入分配制度、促进农民收入增长并赋予农民更多的财产权利等方面进行多方位政策支撑,才能保证城乡收入差距的持续性缩小成为可能。

作者
2021 年 8 月

目录

前言 ·· (i)

第一章　绪论 ··· (1)
第一节　研究背景及问题的提出 ····································· (1)
第二节　研究意义 ··· (3)
第三节　研究思路及结构安排 ······································· (4)
第四节　研究方法 ··· (5)
第五节　研究内容 ··· (6)
第六节　研究的创新点及不足 ······································· (8)

第二章　文献综述 ··· (10)
第一节　城乡收入差距的相关文献 ··································· (10)
第二节　所有制的相关文献 ··· (21)
第三节　所有制与收入差距的相关文献 ······························· (23)

第三章　相关理论基础 ··· (27)
第一节　收入分配理论 ··· (27)
第二节　经济增长与收入差距库兹涅茨倒"U"理论 ··················· (32)
第三节　城镇化与收入差距理论 ····································· (36)

第四章　所有制结构与城乡收入差距变动描述性分析 ··············· (41)
第一节　城乡收入差距现状 ··· (41)
第二节　所有制变迁情况 ··· (49)
第三节　城乡收入差距与所有制结构相关关系分析 ····················· (55)

第五章　理论分析:我国国有制基础下的城乡收入差距 （60）
第一节　基础框架 （62）
第二节　国有制投资与国家目标 （65）

第六章　所有制结构与城乡收入差距关系基准计量 （70）
第一节　所有制基础影响收入差距的相关背景 （70）
第二节　所有制与城乡收入差距关系计量检验 （72）
第三节　城乡收入差距所有制基础的门限回归 （78）

第七章　城乡收入差距及其所有制的收敛性分析 （84）
第一节　模型设定与数据说明 （84）
第二节　区域城乡收入差距收敛性 （86）
第三节　所有制结构与城乡收入差距之间收敛性关系检验 （89）

第八章　所有制基础影响城乡收入差距的作用机制分析 （94）
第一节　模型设定与估计方法 （94）
第二节　指标选取与数据来源 （96）
第三节　典型事实分析 （98）
第四节　内在机制实证分析 （99）

第九章　结论与政策建议 （110）
第一节　结论 （110）
第二节　政策建议 （112）

参考文献 （124）

第一章 绪 论

第一节 研究背景及问题的提出

收入分配与收入差距问题关系到我国社会主义现代化建设的发展,所以关注收入分配与收入差距变得尤为重要。从新中国成立到实行改革开放的几十年间,我国一直实行的是计划经济体制,其主要特点就是政府对各种生产资料进行配置,将以公有制为前提的生产资料合理地投入到生产中去;生产什么样的产品、生产多少也由政府决定;最后产品如何消费也由政府决定。在计划经济体制之下,收入分配也是实行平均主义的,所以在此时期内我国的城乡居民收入差距不明显。可是我国二元经济体制长期存在,并且城镇劳动者与农村劳动者的生产方式迥异,城乡间的经济发展水平参差不齐,这必然导致城乡收入差距的持续扩大。尽管我国长期实行计划经济体制,但是并没有实现城乡居民收入的平均,且城乡收入差距较大。在改革开放的1978年,我国的基尼系数达到0.317,而基尼系数较高的主要原因就是城乡收入差距较大。尽管我国政府在改革开放之后不断地深化经济体制改革,但城乡居民收入差距不仅没有得到缓解,而且在21世纪初城乡收入差距变得越来越大。进入21世纪以来,我国的基尼系数已经超过了0.4的警戒线,更有经济学家认为其实际数值已经超过0.5。我国的基尼系数已经说明了我国的收入差距较大,因为国际上对基尼系数衡量收入差距的标准如下:基尼系数若低于0.2意味着分配情况高度平均;0.2~0.3之间意味着分配情况较为平均;0.3~0.4之间意味着分配情况较为科学;0.4~0.5之间意味着分配情况存在较大差距;0.6以上意味着分配情况差距极为明显。最近几年,虽然我国的基尼系数有下降的趋势,可是我国城乡居民收入差距的问题总体依然比较严重。

众所周知,基尼系数是一个国家社会和谐程度的重要衡量指标之一,据2016年《中国全面建设小康社会进程统计监测报告》显示,中国基尼系数已高于0.4,表明我国经济社会中存在不和谐因素。改革开放后,多种所有制经济不断发展,然而不同的所有制经济体中收入差距问题表现得尤为明显,如果放任居民收入差距继续扩大,必然会影响我国的社会主义经济建设。虽然我国的多种所有制经济共存的现状是通过不断地深化经济体制改革和市场改革实现的,但是不同的所有制经济体间的收入差距却越来越大。国家统计局发布的数据显示,"2014年全国城镇私营单位年平均工资同比增长14.1%,增速高于非私营单位,但从整体来看,后者的平均工资水平却是前者的1.8倍"。不断扩大的收入差距会导致低收入阶层的不满,不仅不利于我国的经济建设,反而会成为我国社会文明建设的瓶颈,所以政府部门应采取有效的措施来解决此问题。可见,不同的所有制经济中,经济单位的收入是有差异的,而不同的所有制经济单位在城乡之间的分布是不均衡的,所有制结构的变动对城乡收入差距的变动有很大程度的影响,所以为了实现我国经济的健康发展,保障社会的和谐发展,不仅要研究我国居民收入差距及其成因,而且要着重研究不同的所有制对我国城乡居民收入差距的影响。

理论经济学也对收入分配进行了研究,提出了许多创新性的理论,并获得了一定的成果。其中一个比较重要的研究成果就是库兹涅茨于1955年提出的"库兹涅茨曲线",对经济增长与收入分配差距在资本主义社会中的关系进行了详细地分析,指出了当某一经济主体由农业经济为主体向工业经济为主体转化时,经济增长与收入分配间的相互关系。此外,随着我国城乡居民收入差距问题的凸显,我国的相关研究机构中,一大批学者也对我国经济发展过程中居民收入差距的变动进行了一系列长期的研究工作,其中中国社科院经济研究所的李实、赵人伟等人具有代表性,他们与欧美等国家的学者进行合作,对我国的居民收入问题进行了研究。他们所做的研究不仅历时长、范围广、数据信息丰富,而且提出了许多新的理论观点,特别是将1988、1995、2002等年份的城乡居民收入数据以表格的形式记录下来,为后来的学者对收入分配的研究提供了丰富的研究数据。经济增长的发生,依赖于人们合理配置资源以及有效利用资源的能力和社会发展水平;而收入分配的合理化,则依赖于社会发展水平以及人们对公平正义的认知。经济增长与收入分配在理论与现实中都存在一定的联系，二者不仅相互影响，而且可以相互促进。一是要实行经济的稳定增长，需要经济活动生产的产品能够合理分配到经济参与者手中，保障每个经济成员都可以获得公平公正的待遇；二是要保障居民收入分配的公平，就需要市场中有足够的产品，则经济发展需要生产出充裕的最终产品才能保障合理的居民收入分配。

第二节 研究意义

虽然我国的改革开放在近年来取得了不俗的成就，我国的社会主义现代化建设也不断深化，经济水平不断提高，人民的生活质量得到极大的提升，但是从宏观层面来看，我国的经济依然处在由农业为主体向工业、服务业为主体转变，由计划经济体制向市场经济体制转变的转型期。我国经济体制转型的目标就是实现社会主义市场经济，那么市场经济中的公平与效率这两个共生却又相互矛盾的问题就不得不提。市场经济区别于计划经济就是因为市场经济中的生产资料通过市场进行分配，使得生产资料流向生产效率高的部门，进而提高高效率部门的工资水平。然而在实践中，效率并不能解释所有收入差距问题。尤其是我国的社会主义市场经济处于初级阶段，有关政策法规还不健全，所以导致收入分配不公平的现象。而且我国的所有制是以公有制为主体，多种所有制并存的，由于不同的所有制主体对生产资料的获取以及利用存在着差异，这必然导致彼此间收入水平差距的扩大。众所周知，想要实现绝对公平的收入分配是不现实的，也是没有必要的，因为一定程度的收入差距可以有效地增加劳动者的生产积极性，有利于提高生产力。然而收入差距超过了一定的水平，必然会引起低收入者的不满，打消其生产积极性，会对整个经济体产生消极的影响，不利于社会经济和谐发展。可见，收入分配是否公平公正，直接关系到人民群众的生产生活，而且还关系到我国的长治久安和繁荣稳定，所以，实现居民收入分配的公平是我国持续稳定的前提，尤其现阶段，在扶贫攻坚、振兴乡村并全面实现小康社会的背景下，如何缩小城乡收入差距是更值得研究的问题。因此，本书对改革开放后的相关数据进行整理，展现了我国所有制结构的变动情况，以及与之相关的城乡收入差距的变动情况，然后排除价格、效率等因素，重点从经济增长潜力、城市化进程以及政府干预行为方面研究所有制结构对城乡收入差距影响的内在机制。

本书的理论意义是通过研究历年的数据,发现我国城乡收入差距随着所有制变动而变化的规律,强化了从所有制结构视角为解决我国城乡居民收入差距问题的理论深度;本书的现实意义是以期通过对城乡居民收入差距原因的分析,提出相应的解决办法,为政府关注并解决城乡居民收入差距问题提供决策参考。

第三节　研究思路及结构安排

本书在对国内外研究成果进行借鉴的基础上,首先从理论上分析收入分配的发展情况以及我国学者在此问题上的贡献,然后根据我国的具体国情,系统地阐述所有制结构与城乡收入差距之间的关系,再通过数据的统计和计量分析城乡收入差距的原因,最后分析其中的经济增长、城市化以及政府干预因素。

本书还将通过对大量历史数据的统计分析,探索我国所有制结构与城乡收入差距变化之间的规律;通过研究我国所有制结构变动下收入分配的差距,分析其存在的必然性;通过阐述所有制与收入差距间的关系,表明所有制的变动可以有效地影响收入差距,进而做出有针对性的政策建议。

本书的研究思路与结构为:首先,了解随着我国经济的发展、我国所有制结构变动以及城乡收入差距的变化,根据我国所有制的实际变化情况,详细地阐述我国所有制结构变动引起的城乡收入差距的变化趋势,为政府的措施提供理论与现实依据。其次,探究所有制结构对城乡收入差距的影响是否是一成不变的,它是否会受到不同经济发展水平的制约?如果所有制结构的影响方向和大小是有区别的,那么这个经济发展水平的区间又是多少?最后,说明数据的选取依据。本书的研究结果必须是建立在有效的数据基础之上的。

改革开放前,虽然我国农村与城镇的基尼系数较低,但是全国整体的基尼系数较高,从 1978 年的统计数据来看,农村的基尼系数为 0.21,城镇的基尼系数为 0.16,可是整体的基尼系数高达 0.317,可见城乡间的收入水平差距明显。而近年来的统计数据也表明此种现状,并没有明显缓和的趋势,即我国整体收入差距主要就是由城乡收入差距造成的。然而,本书主要研究我国城乡间的收入差距问题,因此不关注整个国民经济中居民收入差距的情况。因为我国长期存在的二元经济结构逐渐向现代经济结构转型,其中城镇成为改革的重点,逐渐实现由农业经济为主体向工业、服务业经济为主体的转变;同时城镇中的所有制结构比较复杂,往往是所有制结构变动的主要推动力。因此,本书在对所有制结构进行衡量时,将主要采用城镇中的工业数据来构建指标。

第四节 研 究 方 法

本书的研究基于现实背景与实证分析。研究过程中将规范研究与实证研究相结合,在把握城乡收入差距形成的现实背景和中国经济社会体制典型特征的基础上,构建所有制结构变动下的城乡收入差距理论分析框架,运用多种计量经济分析工具实证检验本书中所提出的理论假说。具体而言,本书使用的研究方法可以归纳为以下几种:

第一,理论推导法。在本书的第五章中,基于经济学基本原理,构建两部门生产模型,并提出在剪刀差的运行机制下,城市的工业生产部门如何通过间接方法掠夺农村部门的生产成果,从而无形中加剧了城乡两部门之间居民收入差距的扩大化。在此分析框架中,将政府行为进行引入,分析政府如何调整对工业企业的投入来实现最优决策的达成,这一政策调整的集中表现就是所有制结构的变动,理论推导认为当国有经济在整个国民经济占比中呈下降趋势时,城乡收入差距会受到一定程度的减轻。

第二,比较研究法。在本书的分析中,比较研究法主要体现在描述城乡收入差距的时候,既考察目前城乡收入差距的区域差异情况,又考察各区域收入差距变动的历史轨迹;在计量分析中,既考察城乡收入差距所有制基础的整体情况,又分析不同区域、不同时间段里所有制下的城乡收入差距变动情况。另外,在考察城乡收入差距受所有制结构变动影响的同时,本书也重点分析了在不同经济发展水平下,各省份、各区域间二者的相关关系和表现形式是否具有差异性,为更深入地了解所有制变动对收入差距的影响提供了思路借鉴。

第三,实证分析法。在本书的研究中,首先,运用固定效应、随机效应以及工具变量法等多种线性静态面板分析方法检验所有制结构影响城乡收入差距的作用效果;其次,运用动态收敛方法考察所有制结构变动对城乡收入差距收敛性的影响;再次,借助于门槛模型探究不同所有制水平下其对城乡收入差距影响的差异性;最后,通过构建中介模型阐明所有制对收入差距产生影响的内在机制。

具体到研究工具,本书使用了简单描述性统计、面板数据回归、门限回归、中介回归等统计和计量方法。具体做法包括:第一,根据研究目标从宏观数据中搜索出恰当的数据,并对数据进行适当的规范和处理,对所用数据进行了均值、方差、极差等简单的描述性统计分析,大致对所有制结构以及城乡收入差距的现状及历史变动情况有所了解;第二,在考察所有制结构对城乡收入水平差距的影响方面,本书基于平衡面板数据使用了广义矩估计方法(GMM)、替代变量法、工具变量法以及安慰剂检验等多种计量方法进行验证,进而保证模型回归结果的可靠性;第三,在考察不同所有制结构水平下,其作用于城乡收入差距的强弱有所区别,本书借鉴了相关理论,构建面板数据门限回归模型,力求探究二者在不同阶段、不同发展水平下的关联程度;第四,在探究城乡收入差距变动的所有制基础问题过程中,为深入挖掘其内在机制,本书使用了中介效应方法,从城镇化水平、经济增长速度以及政府干预三个方面考察了所有制结构的变动为何会对城市收入差距产生显著影响。

第五节 研 究 内 容

第一章是本书的绪论部分,是对研究内容和背景的介绍。分析了目前我国城市收入差距的现状、发展经历及产生的不足,并且在整体上梳理了我国所有制结构的转变情况,以及所有制结构与城乡收入差距之间可能存在的相关关系。经过以上分析,进而对本书的研究内容、思路和方法以及本书的创新点和不足之处进行了简要说明。

第二章是文献综述。着重介绍国内外城乡收入差距发展情况、收入分配理论研究、所有制研究相关状况等一些优秀成果。具体来说,从收入差距测度、形成原因、对经济增长的影响等三个方面进行城乡收入差距研究的文献总结;从混合所有制改革探索、所有制的经济增长效应两方面总结了所有制研究的文献;从所有制与收入分配、所有制与收入差距变动两方面总结了已有研究成果,为后文分析作理论铺垫。

第三章是相关理论基础。这一部分首先介绍从古典到现在的收入分配理论；其次对经济增长与收入差距库兹涅茨倒"U"理论进行分析；最后从托达罗模型和非均衡发展理论角度，阐述了城镇化发展与城乡收入差距间的内在关联性。

第四章是特征事实描述。主要包括三节内容：一是详细分析了中国城乡收入差距的变动情况以及分区域看东中西的差异性；二是对我国所有制结构变动历程进行了梳理；三是运用统计方法，描述了不同区域及典型省份城乡收入差距与所有制结构变动的对应关系。当然本章也对大量数据进行了收集整理，为后文的实证分析创造了前提条件。

第五章为理论推导过程。本章将从理论角度研究经济发展过程中，城乡收入差距被拉大的可能原因，收入与财富的不平等(inequality)对于发展的影响，以及经济增长如何影响贫富差异是发展经济学、宏观经济学中的经典问题。将政府行为引入分析框架，然后推出国有制与国家目标对于城乡收入差距的影响作用。

第六章是实证分析过程。这一章内容是本书的重点，主要包括两个部分：第一部分通过模型设定、变量设定及计量回归，对所有制结构转变和城乡收入差异的关系进行了基准回归，判断前者对后者的影响方向，并运用多种方法进行了稳健性检验，保证了结果的可靠性；第二部分基于门限回归模型，探究了在不同经济发展水平下，城乡收入差距受到所有制结构变动影响的大小有何不同，并且找出具体的门限值。

第七章是基于 β 收敛模型构建了所有制结构的城乡收入差距收敛模型，对城乡收入差距的收敛性进行判断，并分析了所有制结构变动如何影响城乡收入差距的收敛方向和大小，在区域层面也对城乡收入差距的收敛性进行了比较。

第八章是通过构建中介效应模型，从城镇化发展情况、经济增长潜力等三个方面论证了所有制结构影响城乡收入差距的内在机制，并充分阐述了所有制结构变动对城乡收入差距的直接影响及间接影响。

第九章是相关的政策建议。这一章主要包含以下两点：一是总结前文的研究内容和过程，如所有制如何影响城乡收入差距，其内部机制是什么；二是基于本书研究提出相关政策建议，主要从深入实施就业优先战略，加快发展职业教育，完善收入分配制度，促进农民收入增长和赋予农民更多财产权利等方面来进一步缩小城乡收入差距。

第六节 研究的创新点及不足

一、本书创新点

在现有研究中,将所有制与收入差距结合的文献多集中于所有制如何影响收入分配,在实证方面论述收入差距与所有制关系的文章也不多,仅有部分文献涉及所有制与居民收入差距、企业内收入差距、行业收入差距及代际间的收入流动之间的关系,由此可以看到,所有制结构的变动如何影响城乡收入差距,目前在国内鲜有学者进行深入探讨,因此本书在理论和实践上均有创新意义。具体来看,主要有如下三点:

第一,通过构建理论模型,将政府行为引入两部门生产-收入模型中,分析在追求经济增长最大化的约束目标下,为何政府会偏向于对城市的工业部门进行投资,这种投资又会怎样对城乡收入差距变动产生影响。为此,本书构建了一个所有制结构作用于城乡收入差距的理论分析模型。

第二,在理论分析的基础上,本书中使用了1999~2016年的均衡面板数据,对上述推导进行了严格的验证,并且通过核心解释变量的替代、工具变量法以及安慰剂法,对结果的稳健性进行考察。同时,本书还实证分析了不同经济发展水平下,所有制结构对城乡收入差距变动影响的差异性,并且给出了门限区间,在定性的基础上提供了准确的划分标准,这也是本书内容的贡献之一。此外,本书还针对城乡收入差距的收敛性进行研究,明确了城乡收入差距的变动脉络和未来发展趋势。

第三,本书从理论和实证上详细分析了所有制结构影响城乡收入差距变动的内在机制,并从经济增长速度、城市化水平和政府干预三个视角考察了所有制结构对城乡收入差距的直接以及间接作用,在此基础上,对三个机制的作用方向和作用大小都进行了比较,这也是本书的创新点之一。

二、本书不足

限于相关资料的缺失、核心数据统计口径的变化以及本书作者水平的有限,本研究还存在不足和需改进之处,主要体现在以下两点:

第一,在所有制结构的衡量方面,以国企(国有控股或国有全资型企业)中的固定资产额与全社会企业固定资产的比值确定;在稳健性分析过程方面,同样以国企产值与全社会企业产值的比值确定。这两个指标能否完全衡量国民经济中国有经济的比重是有待商榷的,最起码不能够准确衡量,因为上述两个指标完全局限于工业部门,而工业部门主要集中在城市,农村的国有经济占比情况如何,在本书的指标中未能体现出来。当然上述指标也参考了已有文献的研究,并且得到了学者的普遍使用,归根结底是农村的国有经济比重太难以衡量,不得不在指标选择中进行取舍。在未来的进一步研究中,笔者将会寻找更为合适的指标,可以将城镇及农村的国有经济均包含在内,以提高分析的准确性。

第二,本书另外一个限制就是数据的可得性。文章在总体分析时,基本可以找到所有制结构、城乡收入差距从改革开至今的变动历程。但是在进行更加严格的计量论证时,全国层面的数据时间较短,样本量太少,不支持回归模型的估计,因此需要使用30个省级行政区域的面板数据。但是由于各省市统计口径差别较大,另外在30年的经济统计过程中,相关指标的含义也变化较大。基于可靠性及可得性原则,本书选取了1999~2016年总共17年540个样本。数据时长的限制可能使得本书未能挖掘出更多的信息。在后续研究中,将会寻找更好的方法克服统计口径的变动问题。

第二章 文献综述

第一节 城乡收入差距的相关文献

一、城乡收入差距的测度

对城乡收入差距的测度是学术研究的重要问题之一,在实现对其准确无误的测度之后,就可以确保对其衡量的有效性,并在测度过程中发现众多影响因素中的关键点或指标。显而易见的是,影响城乡收入差距的因素众多,无论是从宏观层面还是从微观层面来看均是如此,而为了较为科学公正地确定不同因素对其影响的程度深浅,以及甄别其中的关键与非关键因素,就必须将数量众多的影响因素按照影响程度的深浅进行排名,这就需要对其进行分解剖析,纵向深化现有的学术研究。

有学者认为对于城市与农村居民收入差距可以用较为简单的数据进行衡量,即用城市居民人均可支配收入和农村居民人均可支配收入比较即能说明问题,持有此观点的学者有王艺明(2010)等[1]。当然这种衡量方法虽然直接明了,数据获取度也较为容易,但也忽略了一些主观因素的影响。此外,罗楚亮(2006)认为直接用单一指标衡量城乡收入差距会使研究比较片面,没有考虑到城乡居民收入差距的动态性特征,也没有从整体上认识城乡居民收入结构,具有较大的不合理性[2]。进而,有学者对城乡居民收入差距的衡量采用分解法,并应用多种方法、工具进行度量,通过方法比较选择合适的度量方法,其中不平等度量方法较为实用。城乡居民收入差距的不平等度量主要包含两类指标,即绝对指标和相对指标。绝对指标虽然易于获取,但是受到单位影响和量纲限制,较少采用;相对指标主要包含 GE 指数、Atkinson 指数、Gini 系数等,其中 Gini 系数是较为常用的相对指标(万广华,2004、2008)[3-4]。当然,函数法也是衡量城乡居民收入差距较为直接的方法,有学者采用分布函数法对城乡收入差距进行研究,其中应用了相对指标 Gini 系数进行比较与测算,研究认为全国收入差距的主要原因是城镇内部的收入差距,其中,段景辉、陈建宝(2010)认为城镇收入差距公式定义如下[5]:

$$G_u = \frac{N}{W}\left[X - \int_0^x F_u^2(x)\mathrm{d}x\right] - 1$$

式中,N 为城镇家庭数量,W 为城镇家庭的人均总收入数值,X 表示城镇家庭人均收入中的最高收入者,$F_u(x)$ 表示城镇家庭人均收入不大于 x 的家庭数目占全部城镇家庭数目的比重。以城镇居民收入差距公式为基础,段景辉、陈建宝也推导了农村居民收入差距公式,以及城乡家庭混合 Gini 系数公式,其中农村居民收入差距公式与城市居民收入差距公式类似,城乡混合 Gini 系数公式如下:

$$G_m = \frac{X_u - [\gamma^2 B_u + (1-\gamma)^2 B_r + 2\gamma(1-\gamma)C + (1-\gamma)^2(X_u - X_r)]}{X_u - [\gamma A_u + (1-\gamma)A_r + (1-\gamma)(X_u - X_r)]}$$

其中:

$$\gamma = \frac{N_u}{N_m}, \quad C = \int_0^{X_u} F_u(x)F_r(x)\mathrm{d}x$$

$$A_u = \int_0^{X_u} F_u(x)\mathrm{d}x, \quad A_r = \int_0^{X_r} F_r(x)\mathrm{d}x$$

$$B_u = \int_0^{X_u} F_u^2(x)\mathrm{d}x, \quad B_r = \int_0^{X_r} F_r^2(x)\mathrm{d}x$$

式中,X_u 为城镇家庭人均收入中的最高收入者,X_r 为农村家庭人均收入中的最高收入者,N_u 为农村家庭数目,N_m 为区域家庭总数目。

大多数学者认为,Gini 系数对于测量单一部门的收入差距更具有参考性,如城市间或农村间的居民收入差距,但是对城市和农村两个方面进行比较,Gini 系数往往偏差较大,可比较性较低。城乡收入差距恰恰关系到城镇和农村两个方面居民收入差距的比较,那么 Gini 系数的适用性就会打一定折扣。所以较多国内学者应用泰尔指数衡量城乡居民收入,例如张东辉、孙华臣(2010)[6]。有学者也在城乡收入差距的具体数据上进一步对我国城乡一

体化、对城乡收入差距的影响进行研究,并对两者之间的关系进行了探讨,其公式为

$$teil_{it} = \sum_{j=1}^{2}\left(\frac{s_{ij,t}}{s_{i,t}}\right)\ln\left(\frac{s_{ij,t}}{s_{i,t}}\bigg/\frac{r_{ij,t}}{r_{i,t}}\right)$$

式中,$j=1,2$,即城乡居民收入的两个不同部门,r_{ij} 是 i 区域城乡人口数量,r_i 是 i 区域总的人口数量,s_{ij} 主要衡量 i 区域内城镇或农村收入数量,s_i 衡量 i 区域城市和农村总的收入。

万广华(2004)也对相对指标进行了说明[3],他认为不平等分解法主要涉及要素分解和人口分组,由于要素分解较为单一,Gini 系数是较好的选择,对于人口分组 GE 指标法则更有针对性,但是无论是要素分解还是人口分组,都无法避免内在的不平衡性,与实际具有一定的差异。在国外已有研究中,21 世纪初期既有学者对不平衡分解法进行了改进,其中以基于回归方程不平衡分解方法较为推崇,这类学者主要有 Fields(2000)[7]和 Morduch(2002)[8],但是基于回归方程的不平衡分解也有显著的弊端,即没有可行的方法去对常数项和残差项进行修正,导致了偏差也较大。万广华在 2008 年对不平衡分解法进一步研究,修正了以前方法的缺陷,发现新的分解方法,这种方法主要是通过 BoxCox 与 BoxTidwel 两种函数进行糅合,从而用综合的函数去衡量中国农村地区的收入差距,万广华也利用了 Shorrocks 在 1999 年提出的化解残差项误差的方法,使得综合公式更加可靠[9]。新的不平衡分解方法主要也是基于回归方程模型,可以假定为 $Y=\alpha+\hat{Y}+U$,根据推导并引入基尼指数 G,对不同影响因素和城乡收入差距的关系确定贡献比,可以分别定义为

$$PC_u = 100 \times [G(Y) - G(\hat{Y})]/[G(Y)]$$

$$PC_a = 100 \times [G(\hat{Y}) - G(\tilde{Y})]/G(Y)$$

$$PC_{\tilde{Y}} = 100/G(Y)\sum_i E(Y_i)/E(\tilde{Y})C(Y_i)$$

值得强调的是,关于城乡居民收入差距的新的不平衡分解法得到了我国学术界的广泛认同,所以基于回归方程的夏普分解在我国学术界得到了广泛应用。万广华、陆铭、陈钊在 2005 年和 2010 年对世界经济一体化基础上的区域收入差距进行研究,发现全球经济收入在不同行业展现出较大的差异性,而这种差异性又导致了城镇居民的收入差异,各类行业间的收入差距,尤其像寡头

和垄断行业与普通行业的收入差距,切实影响了我国城镇居民收入差距[10-11]。在我国农村居民收入差距不平等方面,万广华等(2005)认为影响我国农村收入差距的最大因素是地理因素,地理位置决定了我国农村收入差距问题,但是地理因素并不能很好的解释我国农村居民收入差距总量的不同,实际上,资本投入才是影响我国农村居民收入差异总量的最关键因素[12]。赵剑治和陆铭(2009)对我国农村居民收入差距和社会网络效应进行研究,认为社会网络效应也显著影响了我国农村居民收入差异,社会网络对收入差距的贡献比超过了10%[13]。田士超和陆铭(2007)对我国一线城市进行调研,运用万广华的分解方法探索多种因素对一线城市居民收入差距的影响,认为教育、人文等因素是影响调研区域收入差距的最主要因素,一般教育程度越高,教育年限越长,相对收入差距与其他人就会越大,同时家庭平均受教育年限也是影响调研区域家庭收入区域差异的重要因素[14]。

对于不平等的分解方法,我国学术界认为分位数回归分解也是比较重要的分解方法。我国有学者通过对 Melly 在 2006 年提出的分解方法进行反向构建,将我国进城务工人员工资分为两个维度:一是性别维度,二是特征维度。从性别维度层面研究发现不同的分位数上,进城务工人员由性别导致的工资差异较为明显,并且具有同步的正相关关系,但是性别不同导致的工资不同差异性却不断缩小(钱文荣等,2011)[15]。Quantile 方法一般可以弥补 Oaxaca-Blinder 方法无法对不同分位数上收入分解的缺陷,邓曲恒(2007)应用两种方法,对城镇固定居民和流动居民小时工资的均值差异及固定差异进行研究,中低收入的进城务工人员收入差距的关键因素是用工单位的歧视,而随着收入不断上升,歧视带来的效应不断减少,固定和流动的进城务工人员的自身特征越来越重要,如教育占据的作用越来越大,进城务工人员的收入差异逐渐由自身特征决定,其中教育是高端进城务工人员收入差距的最重要因素[16]。

随着计量和统计技术的进步,城乡收入差距的测算与计量越来越受到重视,学术界也不断让新的计量技术在城乡收入差距测度上进行应用,进而新的测度和计量方法不断涌现。过去的 Gini 系数和泰尔指数虽然能够反映我国城乡收入差距的演变,但是精确度依然较低,难以完成精确计量。我国城乡收入差距的不平等分解方法对我国城乡收入差距的衡量具有较为重要的影响,是我国学术界未来需要深入研究和探索的方向。值得注意的是,在不平衡分解方法中,虽然涌现了更多的方法,但是新的不平等分解方法需要更大、更精确的数据支持,虽然一些不平等分解方法更优,但没有数据的支持也是空谈,例如分位数回归分解方法虽然更好,但是在分解过程中需要城镇和农村地区各种数据支持,方能判断歧视性因素或者特征因素的具体作用。当前,应用较为广泛的基于回归方程的夏普里值分解方法,虽然此方法得到学术界的广泛采纳,但其却无法确定各影响因素的具体作用大小。例如对各地区城乡居民收入差距进行研究,分解出的是地区间城乡居民收入差距,但城乡收入差距也影响了地区收入差距,并不能忽视地区收入差距对城乡收入差距的影响,对地区收入差距的研究也有一定的价值。

二、城乡收入差距的成因研究

(一) 人力资本投资与城乡收入差距

在实证研究人力资本对城乡收入差距的影响方面,张伟、陶士贵(2014)[17]在借鉴Diamond(1965)[18]研究方法的基础上,构建了如下理论模型:

如果认为在经济体系中的生产函数是线性的,即假定经济体系中只生产唯一的产品或只提供唯一的服务,并且可以假定唯一的投入即人力投入,那么生产函数是基于报酬不变为内涵,可定义成 $Y=Ah$。其中,Y 代指生产函数的产量,h 代指投入的生产要素即人力,A 代表固定系数。同时可以假定个体工资收入影响受到市场的随机波动而具有随机性,即个体的工资收入可以定义为 $W_i=Ah_i=\rho\varepsilon$,ε 代表波动项,W_i 是 i 个体收入,h_i 代表 i 个体的人力资本,ρ 代表影响系数。根据定义,可以得到不同个体经济行为相关决策,根据经济人的属性,一般个体会追求效用最大化。这里借鉴国外学者 Giannini(2001)的方法,当 i 个体出生时即计算其最大效用,总的效用是 i 个体一阶段消费和二阶段收入的综合,定义一阶段消费为 C_t,定义二阶段收入为 Y_{t+1},那么得到 i 个体最大化效用函数为

$$\max\{U(C_t)+\mu E[U(Y_{t+1})|t]\}$$

同时相应的约束方程为

$$C_t = Y_t - h_t$$
$$W_{t+1} = Ah_t + \rho\varepsilon_{t+1}$$
$$Y_{t+1} = W_{t+1} - c$$

并且存在:$C_t, Y_t, h_{t+1} > 0$。

式中,t 代表不同的阶段,C 代表消费,Y 代表收入,h 代表人力,W 代表工资收入,A 代表不同单位成本的平均收益系数。$c = \theta X_t$,且 $\theta \in (0,1)$,c 是二阶段的消费,而一阶段的收入决定了 c 的范围。$\mu \in (0,1)$ 是二阶段效用的权数,ε_{t+1} 是随机的工资波动影响,代表了随机误差项,ρ 是 ε_{t+1} 影响工资的系数,一般认为 $\rho > 0$。

如果认为个体都是风险排斥的,则可以得到以下公式:

$$U(R) = -\frac{1}{\eta}[\exp(-ap)]$$

式中,R 代表风险,$a > 0$ 代表对风险排斥的系数大小,a_1 和 a_2 代表风险系数在不同年龄层次上的风险排斥程度。一般年轻人的生命周期要高于老年人,所以可以假定 $a_1 > a_2$。

进而可以得到下列公式:

$$Y_{t+1}^* = \alpha + \beta h_t^* + \rho \varepsilon_{t+1}$$

其中:

$$\alpha = \frac{(2A + a_1\theta - a_1 A)\ln a\mu + (A + a_1\theta - Aa_1)(a_2\rho)^2}{2(a_1 + a_2 A)}, \quad \beta = \frac{a_1(A-\theta)}{a_1 + a_2\theta}$$

由上式可知,个体在二阶段的收入 Y_{t+1} 与一阶段的人力投入 h_t 呈正相关关系,一阶段的人力投入很大程度来自于上一代的赠与 Y_t。所以,如果一阶段 Y_t 重视消费则会影响二阶段收入的增加;反之,如果一阶段重视人力投入则有利于二阶段 Y_{t+1} 的上升。同时,受到个体差异的影响,上一代的赠与 Y_t 呈现显著的差异性,家庭条件越富有则 Y_t 的值就相对一般家庭越高,则能获得更大的一阶段人力投入,进而影响了二阶段及以后的人力投入差距,并且这种差距可能存在不断扩大的趋势。因此,可以认为人力投入的不同是造成收入差距的重要因素,并且二者呈现正向关系。

对于人力资本和城乡收入差距的关系,已有研究集中于教育层面和健康层面。从教育层面看,国内外学者认为教育人力资本是我国城乡居民收入不断拉大的本质因素,随着城乡收入扩大,教育的作用不断放大(Kningt J 等,2003)[19],尽管在缩小城乡收入差距方面,我国的基建投资起到了一定的积极作用,但随着知识集聚效应影响程度增大,人力资本在城市中的集聚效应超过了基建带来的积极影响,因此形成了差距扩大的现象(蔡昉,2003;张克俊,

2005)[20-21]。最为有力的证据就是基于6937份全国性的家庭调查问卷发现，户主文化程度差异对城乡居民收入差距的贡献率最大（刘文忻等，2006；孙敬水等，2013)[22-23]。我国现行公共财政政策导致的人力资本差异也是收入差距快速增长的重要原因（靳卫东等，2007)[24]。有学者用Oaxaca-Blinder分解方法对教育和城乡收入进行研究，发现教育因素对于我国城乡收入差距影响程度高达40%左右，同时教育反馈带来的差异性却只有10%左右（薛进军等，2008；陈斌开，2010)[25-26]。

健康人力资本投资方面，在对劳动力市场上的个人表现进行考察发现，健康状况是影响劳动力参与每年工作时数、小时工资的重要因素（樊明，2002)[27]。基于CHNS数据，通过构建以家庭为基础的个人收入生产函数进行量化分析，认为我国城乡收入的一个重要衡量指标是家庭健康程度，一般认为农村人口多为体力劳动，其健康与否对收入的影响相对城市更大。同时，随着女性地位上升，女性相比男性收入回报也更大。长达15年的1354户农户微观数据追踪样本也证实了大病冲击使得患病农户人均纯收入平均降低5%～6%，且在随后的12年里仍有显著的负面影响。已有研究还发现收入水平越低，健康资本的收入回报越高，这一现象在城市和农村都存在（刘国恩等，2004；高梦滔，2005；杨玉萍，2014)[28-30]。以上研究无不说明健康有助于获取更高的收入层次，城乡健康投入影响了城乡收入差异。医疗卫生产品是公共品的重要组成部分，城乡之间在公共服务和社会保障上存在较大的差距，农村居民和城镇居民相比，医疗投资较低，社会保障体系不完善，保障力度较弱，这会直接造成城乡间人力资本的健康程度存在显著的差别，因此进一步影响了农村居民获取更多收入的途径，降低了其缩小与城镇居民收入差距的可能性（胡琳琳等，2003；冯尚春等，2008；吕娜等，2015)[31-33]。

（二）二元经济结构、城镇化与城乡收入差距

刘易斯（Lewis）在20世纪中叶提出了二元经济结构理论，这种理论是对发展中国家经济增长情况的有力阐释。在其后又有多名学者围绕二元经济结构理论创立了新的理论模型，如拉尼斯（Ranis）、费景汉（Fei）等，深入充实了二元经济结构理论。全球发展中国家通过研究二元经济结构理论来发展地方经济，进而实现农业现代化和工业化进程，其中古利在1998年的研究认为农村劳动力向城市转移是二元经济结构在发展中国家的最为突出的表现[34]。从我国改

革开放后的经济发展来看,经济二元结构的长期存在导致了收入的不平衡与城乡收入差距的不断扩大。

二元经济体制最为直观的表现就是户籍的城乡人为分割。户籍歧视阻碍了劳动力的自由流动,是造成城乡收入差距的重要原因(Chan,1996;Sicular等,2007)[35-36]。相关学者通过调研及测算给出了户籍歧视在城乡收入差距中的具体贡献程度。仅仅由于户籍职业选择歧视,农户个人收入将减少3.5%(万海远等,2013)[37];城镇职工与进城务工人员工资差异的20%~30%可以由户籍歧视所解释(姚先国等,2004)[38];由于我国传统的户籍制度和地区保护制度,进城务工人员在教育、人文、文化融入等多个方面受到歧视,有研究发现进城务工人员相对于本地区的工人,会多受到超过50%的歧视,其中户籍歧视更为严重,地域歧视紧随其后(章元等,2011)[39];户籍制度对于我国进城务工人员的影响,主要表现为同样工种和工作时间所受到的回报相对于本地工人更低,其中最主要是受到人为影响导致的同工不同酬现象更为严重(孟凡强等,2014)[40]。

此外,赵红军和孙楚仁在2008年的研究表明,随着我国经济的不断深化,城乡二元结构已经从户籍、地域歧视演变为教育、就业方面的区别对待,导致了进城务工人员收入显著低于本地工人的收入,使得城乡收入差距进一步拉大,胡晶晶(2013)也持有类似的观点[41-42]。同时田新民等(2009)[43]认为城乡收入差距不断扩大又进一步深化了二元经济结构,从而又扩大了城乡收入差距,这是因为随着城乡收入差距的扩大,使得农民更愿意离开农村来到城市,使得城市发展由比较快到快速增长,进而达到最优规模,结果随着人力增多又失去了最优规模,使得城市经济效率下降,二元经济结构转换变得缓慢,最终城乡收入差距继续扩大。

对于城镇化与收入差距的关系,学术界存在较大争议。一方认为城镇化的发展对城乡收入差距缩小起到了积极作用(陆铭等,2004;曹裕,2010;余长林,2011)[44-46];另一方的观点则截然相反,有学者认为,二元结构体制下,政府主导的城镇化会导致城乡收入差距再度扩大(程开明等,2007;陈斌开等,2010;刘维奇等,2013)[47-49]。城镇化进程中城乡收入差距扩大的一个重要影响因素就是政府政策向城镇偏向,如有利于城市的直接转移项目实施、重工业优先发展战略以及地方财政支出的二、三产业偏向均导致了城乡收入差距的扩大(蔡昉等,2000;林毅夫等,2003)[50-51]。也有部分学者认为我国城镇化与城乡收入的关系并不唯一,主要的解释是城镇化不仅仅是农业人口和非农业人口的转化,也包括工业进步、新农村建设、社会经济发展水平的整体提高,他们对收入差距的影响存在显著差异性(王建康等,2015)[52]。

(三) 金融发展、财政政策与城乡收入差距

根据已有研究显示,一国的金融发展水平对该国的城乡收入差距具有影响。温涛等学者通过研究得出,中国的金融发展水平与城乡收入差距具有正向关系,一定时期内金融活动总量占经济活动总量的比重越高,城乡收入差距反而越大。具体而言,金融比率对城乡收入差距的影响结果也是不同的,例如相关学者研究表明金融活动的规模与其效率对城乡收入差距的影响就是相反的,其中金融活动的规模呈正向关系,金融活动的效率则呈负向关系(姚耀军,2005;陈志刚等,2009)[53-54]。另外,在农村金融发展水平对城乡收入差距的影响方面,有学者认为农村资本外流以及农村高利贷等非正规金融的不规范扩大了收入差距,因而农村存在一定的金融排斥也是造成城乡收入差距的重要原因(王修华等,2010;田杰等,2011)[55-56]。但是也有部分研究认为农村金融效率提升可以显著抑制城乡收入差距(谢金楼,2016)[57]。谢金楼认为农村在资本供给不足约束下会产生锁定效应,农民会出现增产不增收的情况,具体机制如图2.1所示。

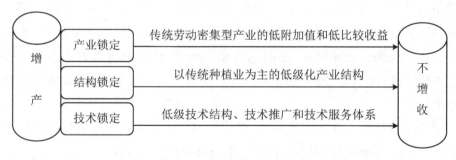

图2.1 锁定效应机制图

"增产不增收"锁定效应的主要原因是资本有效供给不足,为了解决这种现象,必须实施资本援助,从而为农民的生产经营活动提供支持,进而提升农村地区金融活动的效率,使之具有显著的"反锁定"效应,如图2.2所示。

为了实现农民对生产要素的配置向高效均衡转变,改变农村地区的贫困现状,必须加强农村金融的支持力度,主要体现在效率的溢出和要素集约化

等方面,从而更好地实现农民生产经营活动的"增产增收",解决城乡收入差距的问题。

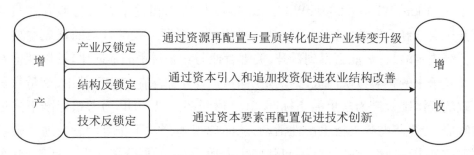

图 2.2　反锁定效应机制图

目前,在学术研究领域,财政分权与城乡收入差距之间的影响关系仍未形成统一的结论。较多的研究者持有财政分权可改善居民生活水准与福利享受的观点,这主要源于财政分权可以提升政府的有效治理水平。然而在财政分权体制下,地方政府的资本竞赛又会促使其政府支出的结构发生转变,地方官员运用税收政策来引进投资在一定程度上可能会降低支出。然而,仍有学者持反对观点,在肯定财政分权对经济增长产生积极贡献的同时,认为其会造成收入在城市与农村之间的差距加大现象。在梳理相关研究文献与观点后,可以将财政分权对城乡收入差距的影响归纳为以下两大类:

一是财政分权、经济增长与城乡收入差距。虽然财政分权促进经济增长,但是却引发了收入分配差距的进一步扩大。传统的财政分权理论认为,财政分权对经济增长与资源配置效率的影响是正向关系(Akai、Saka,2002;林毅夫等,2000)[58-59]:一方面,我国经济的长期快速增长,除了财政分权的作用,还有晋升激励机制,即以 GDP 为主要的绩效考核指标,各地区和各地方官员围绕此展开的经济竞赛,可以在一定程度上促进地区经济的快速增长;另一方面,即使晋升激励机制带来高速的经济增长,但是这两种激励机制均会带来城乡收入差距的扩大(王永钦等,2007)[60]。此外,晋升激励机制往往造成地方官员倾向于基础设施建设和短期收益项目,而忽视教育、医疗、社会保障等长期内发生影响的民生性支出,会造成扩大城乡收入差距等一系列问题(张军等,2007)[61]。因而,在这种盲目追逐经济增长和关注短期快速见效指标的情况下,势必会造成民生事业等的滞后,引发"短板"效应。陈工和洪礼阳(2012)认为既要实现保增长,又要协调其与城乡收入差距之间的矛盾,最终达到协调全面可持续发展[62]。

二是财政分权、公共品供给与城乡收入差距。在财政分权体制下,各级政府通过税收政策和财政支付等调控手段,造成支出结构不完善,公共产品供给不足(Gordon、Wilson,2001;Wildasin,2003)[63-64]。相关学者认为地方官员的晋升机会与经济发展的密切关系是官员激励的来源。我国官员的任免主要是由上级决定的,官员能否得到晋升,关键看他与竞争对手的横向比较,以及他在这场竞争中的排名位次高低,这就是所谓的"晋升锦标赛"制度,其中,衡量官员执政的经济绩效最为常用的指标即 GDP 增长率。以 GDP 为考核标准下的地方政府,优先将财政支持生产性活动,从而忽视了公共服务等问题。地方政府对财政支出偏向性与社会公平问题产生矛盾,对收入再分配产生不良影响(余长林,2011;刘杰等,2012;雷根强,2012)[65-67]。

三、城乡收入差距、经济增长与社会稳定

经济增长与城乡收入差距的关系,一直以来都是学术界重点关注的研究对象,我国对此的研究更为广泛,究其实质,是公平和效率的关系问题,是如何在实现经济增长的过程中保持城乡收入差距的稳定,这也是关系到我国实现社会稳定发展的关键所在。随着研究的深入以及计量方法的进步,经济增长与城乡收入差距的关系逐步从简单的线性研究拓展到非线性研究框架下,同时也确定两者间的关系也随着社会及经济发展在不断变化。

国外学者对于城乡收入差距与经济增长之间的关系进行研究,得出二者之间具有负相关关系,初次分配不平等不利于经济增长和再分配(Aghion 等,1999)[68];财政机制是收入差距影响经济增长的关联渠道(Panizza,2002)[69]。有学者认为城乡收入差距与经济增长间存在倒"U"形关系,在经济发展初期,物质资本占主导地位,收入差距促进经济增长。然而,如今人力资本越发重要,物质资本在促进经济增长中的主导地位被逐步取代,收入差距对经济增长的定性影响也发生改变,对经济增长产生负向影响(Clarke,1995;Galor、Moav,2004)[70-71]。国内学者在探究经济增长和城乡收入差距之间的内在联系时,也大多与上述观点类似,更公平的收入分配意味着更多的人力资本积累和更快的经济增长(陈工、陈伟明、陈习定,2011)[72];收入分配对经济增长具有直接影响和间接影响,其中主要的影响路径是人力资本和物质资本,物质资本是实现工业化的重要动力,而人力资本则是现代经济增长的主要因素,并且收入分配不平等导致的消费减少与社会总投资额下降,抑制了经济进一步增速的可能性

(陈昌兵,2008;李子联,2011;钞小静等,2014)[73-75];分阶段来看,从 1978 年至 2008 年,城乡收入差距对经济增长的影响经历了正效应、由正向负平滑转换、负效应三个阶段(王少平等,2008)[76]。

第二节 所有制的相关文献

一、混合所有制改革的探索

党的十八届三中全会通过的《中共中央关于全面深化改革若干重大问题的决定》(简称《决定》)中提出,混合所有制是我国基本经济制度的重要实现形式。伴随着改革开放的不断深入,混合所有制企业是在现代企业制度基础下建立的新型所有制企业模式。其实,混合所有制企业早已在世界发达国家中出现,并不断演变至今,例如 20 世纪中后期的印度,是第一个实行混合所有制经济的发展中国家;而早在我国 150 年前的洋务运动中,也出现了许多"官商合办"的混合所有制企业。相关学者研究表明,混合所有制一般存在于特定的历史时期以及重点领域,例如私有化的过渡时期和 PPP 模式(Public-Private Partnership,即政府和社会资本合作)存在的公共基础设施领域。因此,混合所有制是一种特殊阶段的制度选择;我国的混合所有制更具鲜明的中国特色,但在公司治理方面往往也残留了一定的难题。总之,国际学术界针对混合所有制的研究论述,主要集中于混合所有制企业结构及有效治理等问题,并多采取具体案例分析法和实证分析法,这对于我国混合所有制内容的研究具有重要的借鉴意义。

根据企业股权结构特征来划分,混合所有制企业通常可以分为国有控股和国有参股两种类型,其中前者又可以进一步分为国有绝对控股和相对控股两种。国有控股企业是指该企业的全部或大部分股份归国家所有。具体而言,这类企业是由国有资产行政管理部门进行批准后,国家以独资或多元投资形式建立的,强调国家对其日常经营、产股权经营拥有控制权利。国有绝对控股是指国家资本比例在企业股权结构中超过或等于 50%,包括未改制的国有企业,如果这一比例为 100%,则为国有独资企业。国有相对控股则是指这一比例尽管小于 50%,但是在企业股权结构中高于其他经济成分的比例,仍然由国家资本在企业组织中掌握了实际的经营和股份控制权。国有控股企业除了具有国有资本增值保值的经济功能外,还具有提供公共服务和保障经济稳定等的社会功能(郑海航,2005)[77]。国有参股企业是指政府作为普通的参股者,国家资本只占该企业的一小部分,不对企业的实际控制权产生变化;它等同于一般的竞争性企业,经济利润是首要目标,没有强制性的社会公共目标,政府对该类企业也没有任何附加义务和社会责任。混合所有制企业与单纯的国有独资企业和私营企业相比,不仅在经济功能上充分激活了多元经济成分的活力,还为我国社会事业发展提供动力和援助。

虽然混合所有制对我国经济社会发展具有重要意义,但也具有一定的弊端:第一,混合所有制企业的监管往往缺乏透明度,政商关系不明晰,法制化管理不足,经营积极性和效率较低。第二,混合所有制企业的内控制度和公司治理存在不足,存在控股股东或大股东利用职权损害其他股东的现象。因此,首先要完善国有企业治理结构,实行良好的现代企业制度设计;还应增加员工持股比例,通过职工激励机制增加员工积极性和企业整体活力,利用员工持股来盘活国有资产,加强对国有企业经营者的监管。其次,在公司治理方面,由于公司所有权和控制权的两权分离,导致委托代理关系的一系列问题,而公司治理往往涉及各个股东以及股东与管理层的权责利之间的关系。传统意义上的公司治理强调的是各方股东的利益,而混合所有制则是强调除了股东以外,还应该包括管理层和技术人员参加股东大会,这对于混合所有制企业的有效治理具有重要的意义。一个合理的股权结构对于公司内部控制具有关键的平衡作用,它能够协调控股股东与小股东、法人股东与自然人股东的权责关系(李正图,2005;白重恩等,2005)[78-79]。混合所有制企业同时需要面对和承接剩余风险,需要构建科学合理的组织制度用以实现对企业所有者、企业经营管理者和企业雇员之间的和谐关系,确保企业组织的稳定运行,激活企业的积极性和竞争性(石予友,2010)[80]。

二、所有制的经济增长效应

所有制是一个国家经济运行的基础,所有制结构的变化是国家经济体制转型的根本动力。我国作为世界上最大的发展中国家,所有制结构毫无疑问是我国实现经济增长和社会稳定所必须考虑的问题,也是我国政界和学界一直关注的重点(刘伟等,2003;刘伟、李绍荣,2005)[81-82]。相关研究表明,所有制结构与地区经济增长差异有关,所有制结构完善程度对经济增长率具有影响(刘瑞明,

2011)[83]。一个国家或地区的所有制结构一般受该国家或地区国有投资比重和国有职工比重影响,而这两者又都是通过国有企业完成的。因此,国有企业在研究所有制结构对经济增长的影响时需要被认真地研究分析。

通过文献研究法,发现对国有企业和经济增长之间的关系有两种截然相反的观点。第一种观点认为,国有企业比重过高,效率较低,不利于我国的经济增长。持有这种观点的学者普遍从成本效率法和比较法的角度研究,得出国有企业与其他所有制企业比较,具有效率低下、积极性和创新性不足以及存在垄断、内控和腐败等特点,从而抑制了民营经济的发展,挤占了民营企业的部分利益。国有企业的代理成本只能够使企业的效率达到30%～40%,不能充分真实地发挥企业的经营管理水平(姚洋等,2001;平新乔等,2003;吴延兵,2012;2015)[84-87]。另外,从广义和宏观视角来说,国有企业对整个经济增长具有拖累效应,相关研究发现国有企业的规模与经济增长率之间具有负向影响(Lin,2000;Phillips、Shen,2005)[88-89]。第二种观点认为,国有企业对经济增长并不是拖累效应。在相关公共基础设施和重要领域,国有企业发挥着重要的投资导向作用,促进国家创新领域和高新技术的进步。但是,必须强调的一点是重视一些国有企业的缺点,针对一些垄断性国有企业或者效率低下的地方国企,必须做到深化国有企业改革,要求形成有效制衡的公司法人治理结构和灵活高效的市场化经营机制。只有国有企业实现自身的制度稳定以及国有企业与民营企业间协调健康发展,才能发挥出国有企业对经济增长的正向效应(黄险峰等,2008,2009;洪功翔,2010;田相辉,2015)[90-93]。因此,在现阶段,必须要求以辩证的态度对待国有企业,这是实现中国经济快速发展的关键,也是中国模式与中国特色道路的核心制度安排。

第三节 所有制与收入差距的相关文献

一、所有制结构与收入分配

现代经济学研究中,制度因素作为一项重要的内容,在解释经济增长方面具有创新性的意义。新制度经济学理论认为,制度变迁对一国的收入分配产生重要的影响,可见我国所有制结构的变迁对我国的收入分配差距同样具有相应的影响。库兹涅茨在《经济增长与收入不平等》一文中提出经济增长与收入分配间存在一种倒"U"型的关系,即库兹涅茨定理。长期以来,我国的经济增长与居民收入分配差距整体呈现倒"U"型,但是这种关系往往是伴随我国的经济体制变革的,因而不能一概而括地运用库兹涅茨定理来解释。相应地,在研究我国居民收入差距的变动时必须要考虑到制度因素。

目前,针对我国居民收入分配差距的文献研究较广,但是却鲜有文献提及所有制结构与收入分配的关系,或将两者联系起来进行综合分析。大多数研究的结论中,普遍认为我国所有制结构与收入分配表现为负向关系,当国有比重较高时,经济运行的效率低下,经济增长缓慢,扩大了居民收入差距,加剧了整个社会的不公平性和不稳定性,进而不利于整个经济环境的健康发展(赵和余等,2009;周明海等,2010;郭庆旺等,2012;廖信林等,2008;李楠,2007;顾严,2008)[94-99]。相关文献关于所有制结构变迁对收入分配产生影响的内在机制主要集中表现在要素、人力资本和财产性收入分配三个方面。

第一,要素机制。在一定阶段的所有制结构变革中,公有制比重与非公有制比重往往存在一种特定的关系,使得劳动和资本等生产要素产生的经济效益最优。例如,当国有比重不断趋于降低时,资本要素的产出弹性要大于劳动要素,所以资本要素与劳动要素的收入分配差距会不断地扩大。而在按劳分配为主体,多种所有制并存的分配方式里,按生产要素分配就包括在其中。所有制结构变化导致的这种要素分配差异势必又会影响整体的居民收入分配差距。

第二,人力资本机制。一方面,所有制结构的变迁强调了市场机制的作用,运用市场机制的高效率来配置资源,不仅能够促进生产要素向关键领域集聚,还表现在人力资本差距的方面。人力资本的差距逐渐传递到收入分配之间的差距。另一方面,所有制机构的变迁还体现在工资和股权激励机制方面,这又进一步使得劳动力进行自身的教育投资,进而增加人力资本的差距,扩大了他们之间的收入分配差距。因此,所有制结构的变迁带动人力资本的差距,最终导致居民收入分配的差距。

第三,财产性收入分配机制。随着我国经济体制改革不断深入,形成了公有制为主体,多种所有制并存的基本经济制度。这一制度促使了我国民营经济的繁荣,进而带来居民收入的增长。但由于这种所有制经济的允许,让高收入群体的人数逐步增加,其通过财产性收入进行二次投资,进一步获取财产性资源,扩大了居民间收入分配差距,加剧了整个社会的不平等。这样,构成了一个恶性循环圈,势必又会影响到我国的经济增长,对所有制结构变迁又会提出新的要求和挑战。

二、所有制结构与收入差距

所有制结构与代际收入流动性方面,有关研究资料指出我国的代际收入流动在不同的所有制部门中呈现出巨大的差异。首先,父代对子代影响最大的是政府单位、事业单位以及国企等体制内的部门,其次是私企、外企等体制外的部门,最后是集体经济部门。子代个人的不同特点影响体制外部门和集体经济部门子代间的收入不同在65%以上,但影响体制内部门与其他两个部门间子代收入不同在50%以下。另外不同的所有制部门处于收入阶层两端的代际收入流动情况差异较大,国有部门最高收入群体的代际收入流动程度为60%,非国有部门最低收入群体代际收入流动程度为44%(陈琳等,2015;牟欣欣,2017)[100-101]。

所有制与行业收入差距方面,处于垄断位置的企业由于具有高投资回报率,因此有条件有能力分配剩余利润,这一部分剩余的利润往往转化成为内部员工的工资。国有企业虽然在一定程度上低效缓慢地进行资源配置和利用,但是仍然具有行业高收入能力(马草原,2015)[102]。使用"夏普里值"方法进一步分解行业收入差距得出,在我国2005~2015年间,所有制和国有垄断对行业收入差距的贡献率为7%左右,而垄断则为这两者的两倍多,且对行业收入差距的贡献率不断上升。但是也有学者持有不同观点,他们的研究结果认为所有制对行业的收入差距的影响已经变得越来越小,因为国有部门间的组内差距较小,国有参与度在一定程度上对我国的行业收入差距起到了缓和作用,而且国有参与度对盈利性行业以及非盈利性行业的收入差距影响是不同的(刘浩等,2014)[103]。

所有制与劳动收入份额比关系方面,自20世纪90年代以来,我国国有经济的比重呈现多年持续降低的状况,相应的私营经济的比重则稳步提升,我国的劳动收入占比也呈现下降趋势(姜伟,2016)[104]。这一时期,我国所有制结构变迁主要表现在国企的改革、民营和外资比重的提高,使得经济效率对劳动收入的降低产生抑制效应。一方面,国企改革带来生产效率的迅速提升使得劳动收入份额下降;另一方面,各级地方政府争相进行招商引资的竞赛,促使要素分配逐渐偏离劳动。经验研究的结果表明,企业中民营和外资股权的上升使劳动收入份额下降(周明海等,2010)[105]。

所有制与企业收入差距方面,毫无疑问所有制对企业工资水平差距的影响要远远超过垄断,一方面垄断能够实现国有企业职工工资水平的上升,另一方面还可以做到直接影响其他的所有制企业(叶林祥等,2011)[106]。企业的工资水平差距是受到行业垄断和所有制这两个方面共同作用加剧的,其中行业垄断是企业工资水平差距的前提条件,而所有制是企业工资水平差距的必备条件。相关研究数据显示,2002~2005年这三年间,我国不同所有制企业职工的收入水平呈递减趋势,而这对非国有企业的职工来说更加有利(杨娟等,2011)[107]。因此,对于我国不同所有制企业的职工收入差距,其变化趋势不同。

所有制与居民收入差距方面,陈斌开等(2009)[108]认为随着劳动力市场的转型,高人力资本者会因工资决定机制的不同,从公有部门转至私有部门;公有部门中高人力资本者的持续性流出将倒逼企业内改革的施行,这些改革措施又将导致低人力资本者的流出,在梳理1995年、1999年和2002年三个年度数据时,发现1995~2002年间我国所有制结构的变动对城镇劳动收入差距演变的贡献率达到90%。尽管工资决定机制实施了改革,加剧了内部不同人力资本之间的收入差异,可是却缓解了整体的收入差异。唐未兵等(2013)研究指出公有制与全国、城镇和农村基尼系数之间均存在阈值协整关系:公有制比例低于0.5左右,会导致公有经济对收入差距的抑制作用越来越小[109]。我国居民收入差距不断扩大的主要原因就是大力发展非公有化,一旦公有经济的比重降低到一定的水平,继续促进非公有化将会削弱公有经济缓和收入差距的功能,便会进一步扩大居民的收入差距。

第三章 相关理论基础

第一节 收入分配理论

收入分配是指不同经济体依据其在经济活动中的贡献度对社会化生产所获得的利益分部门、分要素进行配置。其中收入分配的主体是个人劳动者以及各种经济单位,而收入分配的客体则是可供分配的劳动成果。完成收入分配的关键环节是分配机制的合理建立和分配过程的程序化运行。关于收入分配理论概括起来有两类:一种是功能收入分配理论(Functional Distribution of Income),它的主要特征是以生产要素为出发点,生产要素的稀缺性特征决定了其参与某种社会化生产活动后,应当获取一定的报酬,其在利益划分上遵循按要素贡献度分配原则,利息收入归资本提供者所有,地租收入归土地提供者所有,工资收入归劳动提供者所有。另一种为规模收入分配理论(Size Distribution of Income),它的主要特征是以家庭收入或者个体收入为出发点,重点考察不同规模家庭或者不同个体间收入差距的大小。作为微观层面上的收入分配理论,主要是通过分析最富裕的家庭单位与最贫穷的家庭单位所获得的收入份额之间的差距以及最富裕阶层的个人与最贫穷阶层的个人收入差异,来衡量收入所得者规模与其所得收入规模之间的关系。

一、古典、新古典收入分配理论

经济学家一直热衷于研究收入分配问题,与规模收入分配理论相比较而言,功能收入分配理论在早期古典经济学时期得到了更为明显的重视,亚当·斯密提出的价格和分配相关理论开创了这一类理论的先河。他认为地主借助于土地私有化完成对土地所有权的控制,如果将其使用权让渡出来,它就需要取得"一份年生产物",这就是地租的表现形式。当生产力水平的不断提升,出现了产品结余,而产品结余通过卖出形成货币储备,随之而来的就是资本积累的形成。如果资本积累者将其手中的多余资金让渡出来用于他人生产,那么其也要求获得"一份年生产物",这就是利息的表现形式。同样的,具体劳动者,即没有土地也没有资本积累的基层工人只能让渡自己的劳动能力,他们也相应地获取"一份年生产物",因此年生产物这一劳动成果被社会生产中的各参与主体进行了瓜分。斯密通过分析各生产要素收入,提出了商品价格由地租、工资以及利息形成的价格构成理论。由于这一观点被后世多数经济学家滥用,甚至奉为圭臬,因此被马克思称为"斯密教条"。尽管斯密未能将三种要素对收入的决定程度进行系统而完备的解释,但是他对三种要素进行了翔实的论述,为之后的经济学者进行进一步研究奠定了理论基础。大卫·李嘉图在其《政治经济学及其赋税原理》中,细致地研究了收入分配中三种要素相对比重的变化,他对收入分配理论的主要贡献就是肯定了劳动的价值,并丰富了劳动价值理论。李嘉图的理论细化和丰富了各种生产要素参与收入分配的过程,其对斯密的收入分配理论进行修改的主要体现是将资本分为固定资本和流动资本,并提出将其看作"间接的"或者"物化的"劳动。李嘉图分配理论认为三要素中的劳动是决定总产出的关键要素,可表示为:$y=f(l)$,而且满足 $f'>w^*>0, f''<0$,可见当边际产出大于"生存工资"时,生产活动才是有意义的,边际收益是递减的。总产出中的地租、利润和工资的分配为:$y=f(l)=R+\pi+W$,其中,由土地所有者得到 $(R=(f(l)/l-f')\times l)$ 是级差地租,劳动者获得 $W=w^*\times l$ 为生存工资,资本所有者获得的 $(\pi=(f'-w^*)\times l)$ 为剩余的利润,则

$$y = R + \pi + W = (f - f' \times l) + (f' \times l - w^* \times l) + (w^* \times l) = f(l)$$

经过简化,将劳动标准化为1,则地租、利润和工资所占的比重分别为

$$S_R = R/y = 1 - f'/f, S_\pi = \pi/y = (f'-w^*)/f \text{ 以及 } S_w = W/y = w^*/f$$

根据假设,$f'>0, f''<0, f'-w^*>0$,故当总产出不断地增加,地租、利润和工资在总产出中所占比重的变化趋势分别为

$$\frac{\mathrm{d}S_R}{\mathrm{d}y} = -\frac{f'' \times f - f' \times f'}{f^2} > 0$$

$$\frac{\mathrm{d}S_\pi}{\mathrm{d}y} = \frac{f'' \times f - f' \times (f' - w^*)}{f^2} < 0$$

$$\frac{\mathrm{d}S_w}{\mathrm{d}y} = -\frac{f'}{f^2} \times w^* < 0$$

可见随着产出的不断增加,地租所占比重将会上升,而利润和工资所占比重则会呈现下降的趋势。

在《资本论》中,马克思揭示了生产要素在资本主义社会生产过程中收入分配的实质。剩余价值学说指出在生产过程中劳动者所创造的价值远远高于资本家支付的工资,二者间的差值则被称为剩余价值。通过对劳动者的剩余价值的剥削,金融资本家获得利息,工业资本家获得利润以及农业资本家获得地租,它们都是剩余价值的一部分。

对于收入分配问题的研究,虽然侧重于功能性收入分配也是新古典经济学研究的特征,但是其研究目标以及选用的研究工具,都与古典经济学有较大的差异。如果说侧重于地租、利息等收入如何被资本家和土地所有者通过剥削等方式获取是古典主义分配理论的典型特征,那么稀缺性资源投入报酬与生产贡献间的联系以及如何实现其最优化配置则是新古典理论的研究侧重点。如果市场机制能够充分发挥作用,就算生产要素价格与其获得的收入之间存在较大的偏差,也是公平的、合理的。这是如何制定收入分配机制方面,新古典经济学家的基本观点。

收入分配理论随着边际革命的兴起又产生了新的血液,边际生产力理论应运而生。瑞典经济学家维克塞尔,边际理论奠基人之一,用数学方法阐述了其核心思想。厂商追求利润最大化是基本假设前提,在完全竞争市场下,如果函数 $Y=F(L,K)$ 为典型生产函数,则相应产品份额将由其中的劳动要素 L 和资本 K 获得,其边际生产力决定了它们所占的分配量,即

$$Y = \partial Y/\partial L \times L + \partial Y/\partial K \times K$$

式中,劳动的边际产品等于 $\partial Y/\partial L$,表示为 MP_L;资本的边际产品等于 $\partial Y/\partial K$,表示为 MP_K,则上式可以表示为

$$Y = MP_L \times L + MP_K \times K$$

这就是经济学中的"欧拉定理",也可称为"收入分配净尽定理"。

英国经济学家马歇尔以边际主义与古典经济学理论为基础,通过二者的糅合提出了均衡价格论。他认为不论是边际生产力理论还是古典经济学理论,都片面地研究了收入分配问题,需求与供给共同作用是生产要素价格变动的根本原因,当二者相等时,要素价格就达到了稳定均衡。因此,把劳动价值论与边际生产力理论相结合,并且在生产成本研究方面进一步引入边际分析方法,马歇尔据此建立了要素价格决定的供求均衡论,从此在西方经济学的主流中,古典价值理论就被逐渐挤到边缘位置。

二、现代收入分配理论

随着西方资本主义经济体的生产力水平不断提高,尽管极大地丰富了物质财富,却造成了巨大的收入差距。因此在对收入分配进行分析时,现代经济学家不仅考虑要素贡献以及价格决定,而且更加注重收入分配的公平问题。规模收入分配理论成为这一时期的理论研究热点。这一理论的典型特点是考察所得收入的规模是否合理匹配收入所得者的规模,力求理清各个阶层的家庭或个人得到收入份额的多寡及合理程度,即不以研究居民的个人收入通过何种生产要素产生为目标,而是为了研究不同的个人或家庭其收入差异的表现形式。1905年,奥地利一位统计学家创造了后世以他名字命名的洛伦兹曲线(Lorenz Curve),可以有效衡量出社会收入分配不公平程度。社会的收入分配平均程度可以由这一曲线进行阐述,如图3.1所示。

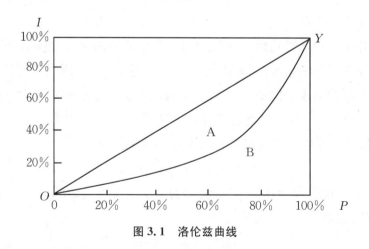

图3.1　洛伦兹曲线

图3.1中的P值代表人口百分比,I值代表收入百分比,斜线OY代表分配

处于绝对平均状态的情况,曲线则是实际分配情况,处于绝对平均之下、绝对不平均(0值)之上,曲线越靠近斜线 OY 则表示越趋向于平均化,反之则越不平均化。根据这一理论,意大利学者基尼对这一曲线图进行量化计算,提出了一个新的指标,即基尼系数(Gini Coefficient)。根据实际收入分配曲线在洛伦兹曲线图中的位置,可以测算出基尼系数的大小,其公式为 $Gini=A/(A+B)$(A 表示收入分配绝对平均线与实际收入分配曲线间的面积;B 表示绝对不平均曲线与实际收入分配曲线间的面积),基尼系数越大收入分配越不平均,若 A 部分的面积越大,收入分配越不均。

从宏观整体视角探讨收入分配问题是传统经济学理论的主要特点,导致其忽视了结构因素对收入分配的影响。由于经济学家对经济社会活动中最本质的结构问题的忽视,导致难以窥探发展中国家的经济社会的全貌(钱纳里,1980)[110]。为了有力地解决发展中国家存在的结构难题,以结构维度为出发点进行经济发展思路研究的结构主义经济学从 20 世纪 50 年代起开始蓬勃发展(项俊波,2009)[111]。泰斯滕亚、费伊杜钦及兰斯泰勒等大批结构主义经济学家发表了一系列具有价值的研究成果,经济学中的"结构"一词算得上最热门词汇之一。收入分配问题是一个永恒的话题,结构主义在发展中国家得到了更为广泛的发展,相关研究结论对各个国家如何调整收入分配也起到了一定的指导意义。

发展中国家的收入分配问题越来越受到结构主义经济学家的关注,其代表人物泰勒(2004)指出,一个经济主体的制度和分配问题是其宏观经济运行的关键所在[112]。基于投入-产出框架,钱纳里综合运用实证研究和比较研究证实了库兹涅茨的理论,即在发展中国家经济发展的初级阶段,现代部门集聚了多数经济资源,居民收入分配公平情况会随着工业化进程的推进而恶化;只有当收入水平超过一定临界值时,收入再分配才有可能通过收入转换而成为可能。此后,结构主义另一位代表人物爱尔玛·阿德尔曼对收入分配理论进行进一步完善,他认为影响居民收入的基本因素是经济结构问题,因而对收入分配的研究要以制度和要素禀赋为前提。阿德尔曼对收入分配理论的贡献如下:

第一,他将经济增长政策和收入均等化政策区分开来,认为可以通过不同的途径分别实现经济增长和收入均等:① 先实现经济增长,后实现收入均等化;② 先实现收入均等化,后实现经济增长。纵观人类经济史,第一种路径为美、日之外的其他发达经济体所采用。

第二,明晰了在政策取向上收入分配与消除贫困的区别和联系。阿德尔曼认为,在遵循合理的动态战略序列的基础上实施市场经济,可以同时实现经济高速增长和低收入群体状况改进:首先,借用资本再分配策略以确定激进性的经济和政治制度环境;其次,为保障经济的持续快速增长,要大力培育人力资源;最后,为保证经济增长稳定性,在劳动密集型增长后期大力发展人力资源密集型增长,实现二者的优势互补。

第三,提出新的战略构想,典型特征是在经济发展中嵌入收入均等化,并基于此提出相关政策措施以改善低收入群体生活。这些具体的政策包括:转移支付和跨代支付;为增加低收入群体就业机会进行公共工程建设;直接配给方式运用于教育和住房等产品中;进行财富再分配,减少生产要素分配不均等。发展中国家可以参考这些政策建议进行收入分配公平化(马颖,2004)[113]。

近年来,结合功能收入分配与规模收入分配成为经济学家们所青睐的研究方式,他们在研究劳动与资本在国民收入分配中的作用,也研究收入差距的大小以及原因(周明海等,2012)[114]。在个人收入与要素收入分配之间的变动关系方面,Turnovsky和Peñalosa(2005)[115]进行了深入研究。经过搜集整理39个国家与地区在1970~1994年的面板化数据后,以回归统计模型为依据,探究基尼系数和受教育程度、收入水平之间的计量解释关系,发现解释程度更为显著,可见劳动力对基尼系数的负向影响通过了显著性检验,即基尼系数会随着生产要素中劳动份额中的增加而减小,即居民收入差距因要素中劳动份额的增加而缩小。

第二节 经济增长与收入差距库兹涅茨倒"U"理论

一、基本内容

库兹涅茨于1955年在《经济增长与收入不平等》中,对经济增长与收入分配差距在资本主义社会中二者间的关系进行了详细的分析,基于有限的统计资料,他开展实证研究,率先构想出收入分配理论中的倒"U"形曲线假说,即"先上升,后下降"的倒"U"形关系存在于收入分配不平等与经济增长之间。二者间的关系可以用图3.2加以阐释。

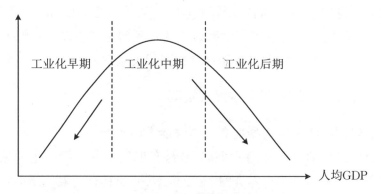

图 3.2 库兹涅茨曲线

库兹涅茨对其倒"U"形曲线假说进行解释时,指出了工业化发展初期的居民收入差距不断扩大的原因主要是以下两点:一是经济增长离不开储蓄和积累,而收入较高人群比收入较低人群的储蓄倾向高,新的社会财富伴随经济增长产生后只会集中到高收入阶层,高低收入群体的差距会因为这种"马太效应"而延续到下一期并扩大,贫富差距严重分化。二是伴随经济增长,城市化和工业化进程加速,因为城市作为经济发展的重点,所以其资本积累程度远远高于农村,这就导致城市收入差距高于农村,而且城市收入差距扩大的人群也会随着经济增长不断增加,导致整体的收入分配不公平越来越严重。库兹涅茨认为,一些抑制因素会在经济增长过程中产生,一定程度上对收入差距不平等起到缓和作用。这些抑制因素主要有下三类:① 产业结构调整。随着技术的进步,新兴产业不断出现且高速增长,贫穷阶层由于缺少依赖路径可能更倾向于加入新行业,新兴产业在总收入中的比例不可避免地逐渐上升,旧产业收入的比重逐步减少,因而总体上有利于收入差距的缩小。② 人口变动。对于高收入阶层来说,生育子女的机会成本远远高于低收入阶层,一定程度上抑制了其人口增长率,所以高收入阶层的人口数量会越来越少,间接上利于高低收入阶层收入差距缩小。③ 法律和行政干预。政府为了稳定社会秩序,会采取各种行政手段减少收入差距,例如通过政府转移支出、累进所得税以及财产税等手段。

二、理论依据

虽然发达国家的经验数据证实了库兹涅茨倒"U"形曲线假说的合理性,但一个合理的理论依据并未被库兹涅茨提出。从结构分析的角度,库兹涅茨倒"U"形曲线假说被一些发展经济学家提出的相关理论所支持,其中的典型代表为"二元结构"经济发展模型以及循环累积因果关系学说。

(一) 刘易斯"二元结构"经济发展模型

"二元结构"经济发展模型要有三个假设作为前提:一是经济中存在现代工业部门和自给自足的农业部门两个部门,只有现代工业部门产生积累;二是农业部门的劳动边际生产力为零,即相对于资本,劳动具有无限供给的特征,农业部门产出不会由于劳动的转移发生变化;三是农业部门的工资远远低于现代工业部门,后者工资是仅仅可以维持生计的工资。刘易斯基于这三个假设,认为发展上的停滞状态是农业部门持续存在的状况,由于资本家提供的工资高于维持生计的工资水平,无限供给的劳动力会自发进入工业部门,进而现代工业部门在资本积累不断扩大的基础上快速扩张,经济快速增长也因此得以实现。在国民财富积累随着经济增长而增加的过程中,对于劳动者而言,他们收入的绝对份额大致不变,但不断下降的相对份额却使得他们相对贫困程度更为严重,收入差距因资本积累而逐渐扩大。因此收入分配不平等程度在经济增长初级阶段呈现扩大趋势。

收入分配差距伴随经济增长扩大只是经济发展初期的规律,传统农业部门的产出会随着劳动力不断地涌入工业部门而减少。农产品产量的减少导致其价格的上涨,劳动力价格的上涨也会压缩资本的收益,进而缩小了资本家与劳动者的收入差异,可是因为工资的涨幅不一,劳动者阶级内部可能会出现收入差异化。综合而言,停止上涨或上涨缓慢是此时总收入差距的常态。随着经济增长持续,农业部门生产率会因为劳动力进一步减少而逐渐提高,当劳动生产率上升到可以提供大于维持生存的基本工资后,无限供给的劳动转换为稀缺资源,必须付出更高的工资,劳动力要素才会流向工业部门,同时资本由于相对富足收益率逐渐降低。随着经济的发展超过了剩余劳动消失点时,收入不均的问题会不断缓和。

综上所述,以劳动力供给和需求为切入点解释收入分配差距在经济增长过程中的变动情况是刘易斯二元模型的核心内容。劳动生产率在剩余劳动消失前很低,维持生计的工资水平就是劳动力价格并长期固定保持不变,相反资本收益不断增加。随着经济增长,资本与劳动的收入差别不断扩大。劳动在经济增长越过转折点后才能成为稀缺要素,劳动收益随着生产率不断提高而上升,可此时资本虽然保持充裕状态,但其收益却呈现下降趋势。这样,倒"U"形曲线的全过程就被"二元结构"经济增长理论所解释了。

(二) 循环累积因果关系学说

循环累积因果关系学说最早由瑞典经济学家缪尔达尔提出,他假设每个地区经济发展水平在最初的社会中都相对落后,但是由于国家的优惠政策或优越的地理位置,某个或某些地区开始出现经济增长并进一步发展为发达地区。积累性的因果循环关系随着经济增长而日益明显,区域性差异也逐渐形成。一方面,资金和劳动会因为发达地区工资和区位优势而从相对落后的地区移出,发达地区经济增长由此稳定下来;紧接着企业利润和工资会受到经济繁荣的进一步刺激,储蓄率及投资率上扬,财富积累良性循环过程就形成于发达地区。相反的是,逐利性是生产要素的本质特征,物质资本和人力资本从欠发达地区外流,经济恶化更进一步加剧要素流出,使得恶性的累积因果循环在此区域形成并长期存续。发达地区与落后地区因为两个循环过程存在而引致不平等程度越来越严重。

在缪尔达尔累积因果关系理论中,他认为这种不平等程度不可能一直持续下去,伴随着经济增长,劳动成本因高工资而使得经济体压力越来越大,资本投资边际生产率也会因资本过于丰裕导致下降,这都是发达地区所要面对的问题,加之社会问题突出、人口过多及生活成本不断提高,人才和资金会在综合作用下从发达地区逃离并反向流入欠发达地区。较低的原材料成本和劳动成本、较高的资本收益率均成为欠发达地区的优势所在。经济的快速增长成为此地区未来发展趋势,与先进地区的经济差距将会逐步缩小。

库兹涅茨倒"U"形曲线假说在以上两种理论中都得到了支持,且实质上两种理论殊途同归,都说明收入分配的扩大是经济增长早期阶段的必然结果,而到了后期收入分配差距逐渐缩小是趋势,并且两种观点都是以生产要素的流动机制进行理论阐述。但是也需要明白在分析收入分配差距扩大时,上述理论主要从功能收入分配角度切入,忽视政府干预、技术创新、经济制度和人力资本在经济增长过程中的作用,仅仅将要素供求的变化归结为收入分配差距扩大的主导原因导致其理论基础具有片面性。必须从以古典学派为代表的其他观点中汲取精华,才能对库兹涅茨倒"U"现象进行全面阐释和精准测算。例如在《资本论》中,马克思阐述了收入分配如何受到资本主义经济制度影响,主要体现在劳动是资本的附属品,生产资料归资本家,资本家通过剥夺剩余价值使得工人相对贫穷更为严重,加剧了收入分配差距的扩大;在修正刘易斯二元结构经济模型的基础上,托达罗加入了技术进步因素,认为经济发展的不同时期,资本与劳动之间替代弹性由于技术进步而不停变化,因此倒"U"形趋势变化会出现在收入分配过程中。综上所述,功能性收入分配、要素供求、两部门转换(工业化、城市化进程)、技术进步、国家干预等综合原因使得收入差别呈现出倒"U"格局。库兹涅茨倒"U"形曲线假说具有普遍的规律性在理论上是成立的。

第三节 城镇化与收入差距理论

一、托达罗模型

20世纪60年代,在发展中国家中存在农业劳动力大量转移和城市劳动力失业率高的问题,为了解释这一现象,美国发展经济学家托达罗在1970年提出了劳动力转移和就业概率的行为模型:

$$M = f(d), \quad f'(d) > 0$$

其中,劳动力转移规模M可表示为城乡预期收入差距d的函数,$f'(d)>0$说明预期收入差距越大,劳动力转移规模增加,即劳动力从农村迁入城市的规模会随着城乡间预期收入差距上升而扩大。

因为农业部门的未来某年实际收入与预期收入相等,而对于城市部门而言,其预期收入为就业概率乘以未来某年的实际收入。因此,城乡预期收入差距可以表示为

$$d = \omega\pi - \gamma$$

其中,π为城市就业概率,ω为城市实际工资率,γ为农村实际收入。托达罗认为,在任一时期城市部门中迁移者找到工作的概率与城市部门的失业人数呈反比,与城市部门新创造的就业机会呈正比,即

$$P = \frac{N\theta}{S-N}, \quad \theta = \lambda - \rho$$

其中,城市部门总就业人数记为N,城市部门劳动力总规模记为S,城市部门的

工作创造率记为 θ,劳动生产率增长率记为 ρ,城市部门产出增长率记为 λ。托达罗指出,尽管工作机会不会很快地被农村转移而来的劳动力所获取,但是其获得工作机会的概率会随着进驻城市时间的延长而变大。可见,长期停留并等待就业机会是迁移者的最优决策。所以,以较长的时间维度去考察劳动力转移行为是更为合理的。若将预期城乡收入差距净贴现值记为 $V(0)$,可以得出 $V(0)$ 由下式确定:

$$V(0) = \int_0^n [p(t)Y_u(t) - Y_r(t)]e^{-rt}dt - C(0)$$

其中,迁移成本记为 $C(0)$,计划时期数为 n,在城市部门中迁移者找到工作的概率记为 $p(t)$,城市部门实际工资率记为 $Y_u(t)$,农村部门实际工资率记为 $Y_r(t)$,代表迁移者时间偏好程度的贴现率记为 r。收入差距贴现值显著影响劳动力转移规模,即

$$M = f([V(0)]), \quad f' > 0$$

可以用图3.3详细阐述托达罗模型。图3.3中,城乡劳动力总规模记为 $O_A O_M$,AA' 表示农业部门劳动需求曲线,MM' 表示城市部门劳动需求曲线。如果劳动力处于封闭状态,且市场规律起决定性配置作用,曲线 MM' 和曲线 AA' 的交点 E 就是均衡工资水平,即均衡工资 $W'_M = W'_A$。此时,农业部门劳动力就业水平为 $O_A L'_A$,城市部门劳动力就业水平为 $O_M L'_M$,城乡劳动力市场处于充分就业状态。如果某一制度确定了工资水平位于 W_M 远高于城市部门的现有状态 W'_M,假定不存在失业的情况,那么,在城市部门找到工作的劳动力数量只有 $O_M L_M$,而农业部门将吸收剩余的劳动力 $O_A L_M$,并支付其 W''_A 工资水平,因此,$W_M - W''_A$ 就是城乡之间的实际工资差距。假如劳动力自由流动是被农业部门所允许的,即使城市部门中的可就业岗位只有 $O_M L_M$,但是在巨大的城乡工资差距诱惑下,还是会有大量劳动力从农业部门迁移到城市部门。假设 B 点为劳动力市场新的均衡点,且城市部门的预期收入正好等于 B 点所对应的农业部门工资水平 W_A。那么 $O_M L_M$ 与 $O_M L_A$ 的比值就是在城市部门中新迁移劳动力能够找到工作的概率,因此,在城市部门中 $W_M(O_M L_M/O_M L_A)$ 就是迁移者的预期收入,基于劳动力市场均衡条件能够测算出 $W_A = W_M(O_M L_M/O_M L_A)$。以此类推,$QQ'$ 就是所有均衡点的集合。当均衡点位于 B 点时,在城市部门内有 $O_M L_M$ 规模的劳动力就业,W_M 为其工资水平,在农业部门内有 $O_A L_A$ 规模的劳动力就业,W_A 为其工资水平,此时城乡实际工资差距为 $W_M - W_A$,小于之前的

$W_M - W''_A$。因此,在允许劳动力自由流动的前提下,劳动力供求因素具有缩小城乡收入差距的机理。

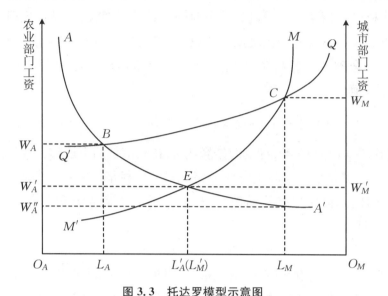

图 3.3 托达罗模型示意图

图片来源:王永禁《二元金融结构、市场化进程与城乡收入差距》,2013.

托达罗模型表明,由于城乡收入差距的存在,必然导致农村劳动力向城市的迁移,城乡收入差距会在此迁移过程中趋于缩小。而城镇化建设目的之一就是农村劳动力迁移,因此,城乡收入差距会随城镇化水平提升而缩小是托达罗模型蕴含的内在逻辑。所以,本书借鉴托达罗模型的思想,在所有制影响收入差距的内部机制分析部分,从农村劳动力转移的视角探讨城镇化水平对城乡收入差距的作用机理。

二、非均衡发展理论

非均衡发展理论的核心观点是以优先级不同的方式进行非均衡发展可以实现整体经济的更快发展,其中优先级更高、更重点的地区或部门更为优先进行发展。该理论认为均衡发展可实现性概率较小,关键原因是经济发展受到现有资源稀缺性的制约。梯度推移理论、二元经济结构理论、增长极理论和中国学者提出的点-轴系统等是该理论的主要流派。

(一) 梯度推移理论

1826年,德国经济学家杜能提出农业圈理论,它是梯度推移理论的滥觞,首次阐述了梯度现象在经济生活中的表现。随后,产业集聚理论由韦伯(1899)和马歇尔(1961)提出,用于分析产业空间布局选择,工业生产生命周期理论的最终提出(弗农,1966)[116]标志着此理论最终形成。经济技术发展在全球范围或一国范围内的非均衡性是该理论的核心思想,技术梯度随处可见。由于极化效应与扩散效应的双重影响,技术创新逐步实现相对均衡,从高梯度地区缓慢推移至低梯度地区,在此过程中区域差距趋于缩小。梯度推移理论在中国区域发展战略中运用十分明显。建国初期,放弃沿海、重视三线(内地)建设的区域发展战略被采用,但经济发展效果不明显。改革开放后,区域发展策略发生转变,中国经济实力由于优先发展沿海特区的区域非均衡战略而得到了快速提升。最近几年,梯度推移理论在中国新的应用主要表现为区域战略上优先发展城市群。

(二) 地理上的"二元经济结构"理论

"二元经济结构"理论于1957年由瑞典经济学者缪尔达尔提出。该理论的两个核心词汇是"回波效应"和"扩散效应"。发达地区集聚生产要素,以降低周边地区发展速度为代价促进本地发展,被称为"回波效应"。而发展到一定阶段后,中心区的人力资本扩散和技术外溢使得周边地区获益,经济发展水平逐渐靠拢于中心发达区域,被称作"扩散效应"。扩散作用较为明显的是我国的上海、广州、深圳等城市,它们不仅自身发展速度快,而且可以带动长三角、珠三角等周边城市崛起。相反,回波效应在我国的天津、北京等地十分明显,虽然这两个直辖市发展很快,但是它们吸引了周边地区的大量资源,周边省市不仅未能实现经济增长快速稳定,反而还承受巨大的生态环境压力。为降低交易成本,实现区域均衡,可以加速京津冀协同一体化发展。

(三) 增长极理论

"增长极概念"是法国经济学家弗朗索斯佩鲁于1955年首次提出。经济增长非均衡也是该理论遵循的原则,个别地区或城市的经济单元存在优先发展事实,生产力在离心力作用下向外扩散,整个区域经济在此进程中实现持续增长。

增长极就是指在这一区域发展过程中具有支配和推动作用的经济单元。此后，将地理空间与增长极概念结合，法国经济学家布德维尔提出了"区域增长极"概念。少数区位和部门具有创新能力和市场潜力，它们应当整合有限稀缺资源优先发展，区域经济发展需要以增长点实力的大幅提升作为前提。中国城镇化建设过程反映了增长极理论的普适性。从20世纪80年代经济特区的建立，到近些年来国家级新区的建立、国家中心城市的确认以及城市群的划分，都是这一理论的具体体现。虽然目前来看，增长极理论运用得较为成功，但是周边区域如何与增长极实现联动是需要深思的问题，考虑不周则会出现"孤岛效应"，落后的地方持续落后，形成城乡收入差距拉大的不利局面。

（四）点-轴系统理论

中国学者陆大道在吸收上述三种理论精华基础上，于1984年提出点-轴系统理论。其中，"点"指的是各级中心地，包括中心城镇和各级居民点。由各种通信、交通、水源及能源通道连接起来可以对周围产生吸引和凝聚效果的"基础设施束"被称为"轴"，也称为"发展轴线"或"开发轴线"。在空间发展战略上我国国土规划纲要的主题思想就是"点-轴开发理论"。经济布局和国土开发应采用由长江轴和海岸带相交而成的"T"形战略是陆大道基于此理论提出的政策建议，并且他认为这一战略应从本世纪持续到下世纪初。"井"字形、"π"字形等区域开发模式也在"点-轴开发理论"的基础上被陆续提出。点轴系统与梯度推移理论最大的不同点在于前者可以在各地建立发展中心，可以通过轴线间的联系进行区域协调，它较好地弥补了梯度推移下非均衡发展在东西部过于明显的缺点。目前在中国"点轴带动"发展模式最为典型的是"一带一路"倡议。

第四章 所有制结构与城乡收入差距变动描述性分析

第一节 城乡收入差距现状

一、城乡收入差距总体变动情况及趋势

我国区域经济发展大致经历了三个阶段：区域经济较平衡发展、区域经济不平衡发展、区域经济协调发展。而我国的区域发展战略与区域政策随着发展思潮的改变大致分为四个阶段：从新中国成立到1978年，处于向西推进的平衡发展阶段；而在1979~1990年间，我国区域经济发展处于向东倾斜的非平衡发展阶段；随着区域发展失调现象的加剧，从国家层面来看，着重中西部的区域协调发展战略于1991~1998年开始进入启动阶段；1999年至今，我国处于区域协调发展战略全面实施阶段。随着区域政策变化，我国收入分配不平衡的情况也发生改变。由于收入分配不平衡关系到我国经济的健康发展与社会稳定，随着收入差距的不断拉大，国家开始采取一系列措施应对这一问题。

城乡收入的差距直接影响收入分配格局，而我国作为一个典型的城乡二元结构国家，收入分配更是受到巨大影响。城镇居民家庭人均可支配收入与农村居民人均纯收入之间的对比是衡量城乡收入差距的标准。两者比值越大，城乡收入差距越大。新中国成立初期，我国的城乡收入差距巨大。数据显示，1957年，城镇居民家庭人均可支配收入与农村居民人均纯收入之间的比值达到了3.22∶1。为了解决新中国成立前我国遗留下来的土地问题，我国开始在农村进行土地改革。土地改革与合作化运动的推行,我国农村释放出巨大的生产力,同时农民收入也有了显著的提高。而在此期间,我国城市并未发生此类变革,居民收入也未发生明显改变。由此,我国的城乡收入差距在1957年之后开始逐渐缩小。而后,计划经济体制的实行使得城镇经济被共享,我国开始全面实施全国统一的工资制。数据显示,1964年,我国城镇居民人均纯收入约为227元,而农村居民人均纯收入达到了97元,二者比例为2.3:1,城乡居民收入差距缩小。我国城乡居民收入差距在之后的十几年中保持总体稳定并略有上升。我国城乡居民收入差距到1978年后缓增至2.57:1。

通过图4.1、图4.2,并结合表4.1的统计数据可以发现,1978年以后,我国

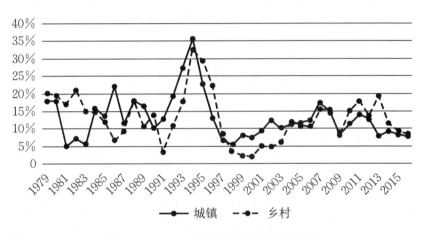

图4.1 1979~2016年城乡收入增速情况

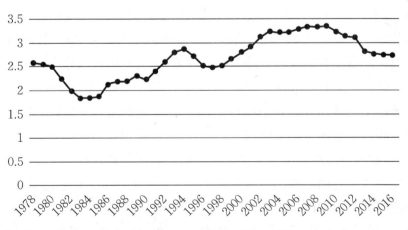

图4.2 1979~2016年城乡收入比情况

的城乡收入差距不断变化的历史过程可大致划分为五个阶段。

表 4.1　1978～2016 年城乡收入变动情况　　　　（单位：元）

年份	城镇居民家庭人均可支配收入	农村居民家庭人均纯收入	年份	城镇居民家庭人均可支配收入	农村居民家庭人均纯收入
1978	343.4	133.6	1998	5425.1	2162.0
1979	405.0	160.2	1999	5854.0	2210.3
1980	477.6	191.3	2000	6280.0	2253.4
1981	500.4	223.4	2001	6859.6	2366.4
1982	535.3	270.1	2002	7702.8	2475.6
1983	564.6	309.8	2003	8472.2	2622.2
1984	652.1	355.3	2004	9421.6	2936.4
1985	739.1	397.6	2005	10493.0	3254.9
1986	900.9	423.8	2006	11759.5	3587.0
1987	1002.1	462.6	2007	13785.8	4140.4
1988	1180.2	544.9	2008	15780.7	4760.6
1989	1373.9	601.5	2009	17174.7	5153.2
1990	1510.2	686.3	2010	19109.4	5919.0
1991	1700.6	708.6	2011	21809.8	6977.3
1992	2026.6	784.0	2012	24564.7	7916.6
1993	2577.4	921.6	2013	26467.0	9429.6
1994	3496.2	1221.0	2014	28843.9	10488.9
1995	4283.4	1577.7	2015	31194.8	11421.7
1996	4838.9	1926.1	2016	33616.0	12363.0
1997	5160.3	2090.1			

第一阶段：1978～1985 年。我国城乡居民收入差距在此时间段内总体处于逐渐减小的趋势。这一时期，农业是国家的工作重心，农业体制改革在不断推行。这一时期推广了为后来国家各种改革奠定基础的家庭联产承包责任制，这一农村基本制度的实施使得生产积极性在广大农村农民之中被充分调动起

来，与此同时农民享受到了改革的红利，收入水平极大提高。同时，农产品市场随着价格体制改革的逐渐实施而得到有序释放，尽管此阶段仍然存在市场价格与计划价格并存。当然此阶段对农业有利的是农产品收购价在国家经济计划中得到了提升，并且价格有效补偿也因为市场的力量得以实现。农业改革普及到农产品的"量"与"价"两方面是这一阶段的显著特征，共同改革的效果就是农民收入的显著提高。而在城市方面，各类制度变革相对缓慢，工资制度等都未被改革触及，城镇居民收入因为相对停滞的城市发展状态而仅仅得到缓慢增长。由此，在这一阶段城乡居民收入差距逐渐缩小是主要趋势。

第二阶段：1986～1994年。城乡居民收入差距过大的情况在这一时期持续恶化。为了促进城市经济的快速发展，在1984年之后，我国的经济改革工作重心从农村转向了城市。这一时期对城市经济的改革主要采取三项措施：第一，推行企业承包制，顾名思义，这是借鉴了家庭联产承包责任制的改革思路；第二，对工资制度进行改革，实行工资跟劳动相关联的办法；第三，鼓励个体经营以及私营企业发展，打破了国有部门的垄断，城镇居民就业渠道更宽，收入也得到相应提升。这一时期，国家对农业的关注降低，农村发展缓慢。农业生产要素的价格不断提高，但农产品价格却始终上不去，激励边际效用递减也逐渐产生于家庭联产承包责任制上，农民收入随着农村发展速度降低而缓慢增长，城乡居民收入差距被拉大。

第三阶段：1994～1997年。由于国家在这一时期将目光重新对准农业，并进行各种政策支持，再次抑制了城乡居民收入差距的扩大化。为解决家庭联产承包责任制的边际效用递减情况，国家延长了土地承包期，由此，农业再次实现增产。对于农村税费改革等各类问题，国家也逐渐重视。另外，农产品收购价格得到了大幅提高。与此同时，在城市方面，国有部门及政府将大量裁员作为提高国有企业效率的最主要实现手段，城镇居民人均收入随着失业人员大幅增多而停滞不前甚至有所下降。数据显示，1994年城镇居民家庭人均可支配收入与农村居民人均纯收入之间的比值为2.86∶1，但是经过农村发展而城镇建设停滞这一历史阶段后，到了1997年上述指标已经下降到了2.47∶1。

第四阶段：1997～2009年。城乡居民收入差距在这一时期又出现反弹。而产生这一现象的原因在于：一是这一阶段农业生产效率随着农业自然灾害频发而持续下降；二是这一时期农业生产成本随着农业生产资料价格上涨而不断提高，压缩了农民进行农业生产的获利空间。由此城乡居民收入差距从1997

年起再次开始扩大,2009年时,城乡收入差距比达到改革开放以来的最高水平3.33∶1。

第五阶段:2010年至今。我国在2010年之后加大了扶贫力度,并且对城乡协调发展更为重视。因此,这一时期城乡收入差距平缓并连年降低。到2016年,城乡收入差距已从2009年的3.33下降为2.72,虽然还未降至1978年的2.57的水平,但未来城乡收入差距进一步缩小的趋势还是可以预见的。

事实上,虽然居民收入差距一直存在于我国城镇和农村两个区域间,但是,改革开放前,低水平的城乡收入差距是显著特征,因此收入分配问题严重程度不高;但是改革开放之后,非均衡发展使得这一比例快速提升,收入分配非公平性表现明显,如图4.3所示,城乡收入绝对差距不断增加。总结来说,我国城乡收入差距自1978年以来经历了三次降低、两次上升,一共五个阶段,每个阶段产生的原因不尽相同,但是每次暴露的问题都会在下个阶段中被着重解决。

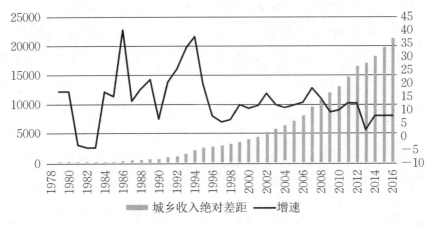

图4.3　1978～2016年城乡收入绝对差距及增速情况

二、区域层面城乡收入差距变动情况

我国地域广阔,不同地区的发展水平也不尽相同。各地区城乡居民收入差距及其变化过程是反映地区不均衡发展的典型案例,甚至可能有数十年的差距存在于不同地区的发展水平上。本节将我国按照经济发展水平划分为东中西三部分(港澳台地区除外),在此基础上分析不同区域及区域内不同省份城乡收入差距的演变情况(划分情况见表4.2)。

表 4.2 我国东中西区域划分

区域划分	省份数	具体省份(或直辖市)
东部地区	11	北京、天津、河北、辽宁、上海、江苏、浙江、福建、山东、广东、海南
中部地区	8	山西、吉林、黑龙江、安徽、江西、河南、湖北、湖南
西部地区	12	内蒙古、广西、重庆、四川、贵州、云南、西藏、陕西、甘肃、青海、宁夏、新疆

1978年至今,我国东部、中部、西部三大地区间的收入差距逐渐增大(西藏和港澳台地区除外)。地理位置的不同,使得各地区所具有的资源禀赋不同,由此导致各地区增长速度有所差异(见表4.3)。另外,我国的战略发展以及政策倾向的作用也使各地区增长速度不同。地区间居民收入差距随着各地经济增长速度的悬殊而越来越明显。

表 4.3 1990~2016 年东中西各省份平均城乡收入差距情况

年份	城乡收入差距			年份	城乡收入差距		
	东部	中部	西部		东部	中部	西部
1990	1.8171	2.0799	2.4982	2004	2.5527	2.8376	3.7937
1991	1.9447	2.3506	2.7755	2005	2.5618	2.8983	3.7210
1992	2.1390	2.4771	3.0661	2006	2.6229	2.9310	3.7377
1993	2.3047	2.6543	3.3611	2007	2.6384	2.9233	3.7783
1994	2.3840	2.6616	3.5646	2008	2.6571	2.8596	3.7162
1995	2.2456	2.5463	3.4090	2009	2.6784	2.8972	3.7207
1996	2.1253	2.2828	3.2868	2010	2.6255	2.7814	3.5466
1997	2.1029	2.4361	3.0395	2011	2.5279	2.6857	3.4072
1998	2.0823	2.2023	3.0121	2012	2.5126	2.6668	3.3548
1999	2.1970	2.3559	3.3212	2013	2.4426	2.6070	3.2398
2000	2.2808	2.4922	3.5367	2014	2.3482	2.5593	3.1578
2001	2.3583	2.6008	3.7020	2015	2.3872	2.4872	3.1281
2002	2.4317	2.7814	3.7808	2016	2.3439	2.3983	2.9429
2003	2.5282	2.9315	3.7845				

尤其是20世纪90代以来,中西部地区由于区位劣势,无法发展外向型贸易企业,也难以获得外部投资,反观东部沿海地区,借此机会使得经济结构从农业为主向工业化为主转变并得到了持续发展。东西部地区收入差距主要在此阶段被迅速拉大。

如图4.4所示,分区域来看,三个地区城乡收入差距的演变趋势与我国城乡收入差距变动的总体趋势是一致的,但是区域性差异明显。西部地区的城乡收入差距明显高于东中部地区,且1990~2016年这26年间,其城乡收入差距的波动状况也是最为明显的。相对东部地区,中部地区的城乡收入差距略高。但最近几年,两地区的差距逐渐缩小,未来几年中东部地区的城乡收入差距将有可能处于同样水平。

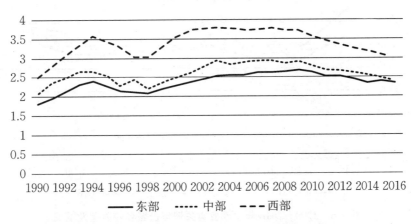

图 4.4　1990~2016 年东中西城乡收入差距变动情况

分区域来看,1990年的时候,东部地区各省的城乡收入差距情况差别还是较大的,上海低至1.1417,而海南则高达2.1213,但是到2016年后,东部各省份的城乡收入差距则越来越接近,除了天津城乡收入差距在2以下,其他省市的城市收入差距比均在2.5左右(如图4.5所示)。中部地区各省的城乡收入差距水平也具有趋同化特征,2016年山西和湖南的城乡收入差距水平较高,均在3左右,而其他六省的城乡收入差距均在2~2.5之间(如图4.6所示)。对于西部地区而言,城乡收入差距较大的省份为云贵及陕甘地区,相较而言,四川、重庆地区的城乡收入不均衡现象则较为缓和(如图4.7所示)。

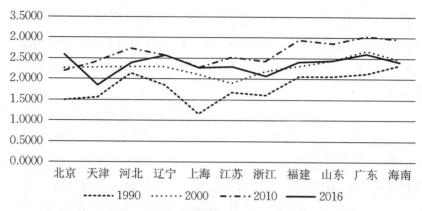

图 4.5　1990~2016 年东部各省关键年份城乡收入差距情况

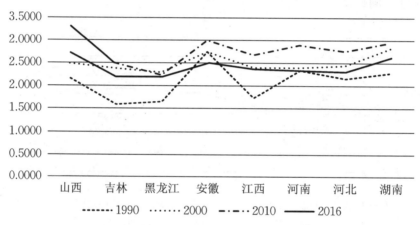

图 4.6　1990~2016 年中部各省关键年份城乡收入差距情况

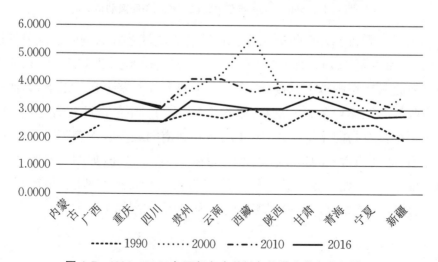

图 4.7　1990~2016 年西部各省关键年份城乡收入差距情况

第二节 所有制变迁情况

改革开放以前,我国的所有制是完全单一的公有制经济,曾经认为我国的所有制问题已经解决了,但实践表明,这种单一公有制不仅满足不了人民和社会日益增长的物质和文化生活的需要,造成了国民经济进一步发展的困难,而且本身就存在不少弊端,是严重不符我国生产力发展水平的。十一届三中全会之后,在解放思想、实事求是思想路线的指引下,我们在经济体制改革的过程中,从理论和实践两个方面对所有制进行了大胆探索,逐步打破了单一公有制的所有制结构,形成了以公有制为主体、多种所有制经济共同发展的所有制结构。

一、所有制成分变化的初始阶段(1978～1991年)

我国经济体制改革从1978年的中共一届三中全会开始迈出第一步。主要原因是此次会议强调要"改变一切不适应的思想方式、活动方式和管理方式,改变同生产力发展不适应的生产关系和上层建筑"。在坚持国有经济为主导的基础上,发展个体私营经济和多种经济形式在1982年的中共十二大上被明确允许,并且其也被定位为经济结构的有益补充,这也是所有制结构在我国这一拥有特殊经济结构的国度如何进行改革而做的首次尝试。我国的所有制形式在社会主义初级阶段应当多种多样这一观点在1987年的中共十三大也被进一步认可,并且中共十三大还提出针对不同地区和经济行业领域,不同所有制在经济中的占比可以有所区别。可以说,在经济体制转轨伊始,政策层面不再坚持计划经济体制中单一所有制结构原则,所有制结构改革的思路不断发展。结合当时恶劣的国际环境,在所有制结构调整上,相对于苏东国家的故步自封,我国改革思路颇具胆识。

首先,农村是经济体制改革的发祥地。生产责任制在四川、安徽部分农村试行效果良好,使得中央在1978年决定将新型生产经营体制推行到全国范围,主要内容就是集体所有制前提下的家庭联产承包责任制。家庭联产承包责任制于1982年在中国农村基本普及。允许自行转包土地、允许农民长途贩运农产品等政策于1983年以后相继出台,除此之外重点户、专业户受到鼓励,个体经济蓬勃发展。农村经济松脱了旧体制的束缚,得到了较快发展。1991年底,统分结合的双层经营体制在十三届八中全会被正式确立为农村经济组织的一项基本制度,并且就目前来看这一制度将会长期稳定不动摇。

总的来说,尽管土地的所有权问题未被相关出台政策所提及,土地产权未发生变动,但农村经济也因为灵活运用土地经营权而得到了极大发展,据统计,1978年全国农业总产值为1117.5亿元,而到1991年后,这一数据已经高达5146.4亿元,增长了362%。粮食方面,1991年全国粮食总产量为43529.3万吨,比改革开放时增长了42.83%,并且之后粮食产量仍持续上涨。人均粮食

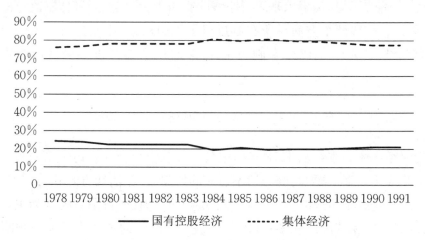

图 4.8　1978~1991 年国有及集体经济工业企业数占比情况

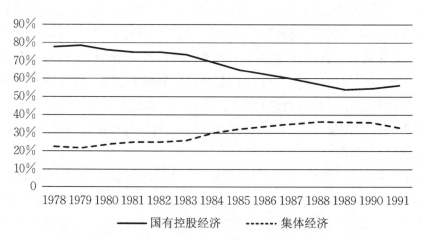

图 4.9　1978~1991 年国有及集体经济工业总产值占比情况

作物占有量1978年为319公斤,到1990年增长了23.20%,达到393公斤。"大锅饭""一大二公"的旧体制由于家庭联产承包责任制实施而得到了明显突破,一定程度上原有公有制为主的所有制经营方式得到了显著改变。

其次,1978年开始,为搞活国有企业,扩大企业自主权这一措施在四川六家国企进行试点并取得较好的成果,基于此,国务院于1979年决定将扩权让利的试点改革在京、沪、津三地推广。全国试点企业到1980年底已占全国预算内工业企业数量的15%,达到六千家之多,产值占比甚至高达60%。《中共中央关于经济体制改革的决定》于1984年通过,明确了国有企业改革是经济体制改革的重心。同年,《关于进一步扩大国营工业企业自主权的暂行规定》由国务院颁布,这一规定后来被称作"扩权十条"。1986年,《中华人民共和国企业破产法》的颁布又为国有经济结构优化提供了法律基础,在法律上为那些入不敷出、资不抵债、经营困难的国有企业提供了市场退出路径。总的来说,虽然这一阶段的所有制改革还是取得了一定成效,但是在国企扩权让利的过程中,旧有体制框架并未被真正触及,新的经济管理体制运行方式也未出现。根据图4.8和图4.9可以看出,从工业企业单位的数量来看,国有企业所占比重1978年为24%,集体企业占比为76%,而到1991年,集体企业占比上升到77.1%,国有企业占比下降至20.8%。工业总产值方面,集体企业所占比重从1978年的22.4%上升到1991年的33%,但是国有企业占比从77.6%下降到56.2%。由数据可以看出,在国民经济体系中公有制经济仍占绝对主导地位,不过在此阶段国有经济占比有所下降,集体经济发展形势较好。

国务院于1986年底颁布《关于深化企业改革,增强企业活力的若干规定》后,企业经营自主权进一步扩大。租赁经营责任制在中小型国企中得到了普遍推行,而承包经营责任制则在大中型国有工业企业全面铺开。上述两种责任制方式都是企业产权的一种调整,是所有权与经营权相分离在国企改革中的初步探索尝试。提升企业经营自主权,力图实现政企分开是其主要出发点,通过激励机制提升经营业绩是其主要目的。所有制变化中,两种责任制的推行是一项十分重要的举措,以国家为主要推手,从国企产权的角度进行改革是其内在实质。

再次,1981年的十一届六中全会在促进个体私营经济发展方面,明确指出不存在某种固定模式来发展社会主义生产关系,公有制经济也需要一定范围的个体经济进行补充。次年,中共十二大总结了所有制方面出现的变化,认为我国生产力水平非平衡发展及落后性决定了多种经济形式的存在是客观合理的,鼓励劳动者个体经济的适当发展可以对公有制经济进行有益补充。从此,在我国所有制结构中个体私营经济被正式予以承认。中共十三大报告指出私营经济、个体经济和合作经济需要继续鼓励,全民所有制以外的其他经济成分在市场中的重要地位被进一步确认。

最后,对外开放后,在外资经济方面,《中华人民共和国中外合资经营企业法》于1979年在第五届人大二次会议上正式颁布,这一法令在投资比例上对中外投资项目进行了规定,为吸引外商投资提供了法律基础。此后,旨在吸引外资的法律法规相继出台。而外资经济由于经济特区的建立受到进一步刺激,各种类型的外资独资或合资的企业形式纷纷出现并得到迅速发展。外资经济在1984年十二届三中全会中首次被认为是社会主义经济的必要有益补充。在外资利用方面,对外资的直接或间接利用规模均还较小。数据显示,1979年到1991年间,实际利用外资总额累计达到811.56亿美元。

二、不同所有制成分变化的调整阶段(1992~2002年)

经济体制的转轨自1992年初邓小平南巡讲话起迎来了新的历史时期。"三个有利于"指导思想在"南方谈话"中被首次提出,"什么是社会主义,怎样建设社会主义"这些问题在此次谈话中被精辟阐述,姓"社"姓"资"的束缚在国人思想上被进一步冲破。同年的中共十四大上,建立社会主义市场经济体制被确立为改革的目标与方向。在所有制结构方面,我国确立了以公有制为主体,个体经济、私营经济、外资经济等多种经济成分共同发展的改革目标。经济体制改革进一步迈出步伐,表现为技术、资本等生产要素参与收益分配得到鼓励,非公有制经济在1997年被政府认定是国民经济的重要组成部分。

首先,以宪法承认和保护为基础,家庭联产承包责任在农村得到进一步落实。农村劳动力因这项制度的推行得到解放,农民收入在农业效益显著增长的同时不断提高。

其次,建立市场经济体制在党的十四大中被明确提出为下一步的改革目标,明确了国有经济的发展思路。1993年底,党中央以及国家机关高层在所有制改革上达成共识,下一步国企改革的具体要求就是要建立现代企业制度。同时,国企改革"抓大放小"战略在实际试点中被提出并部分实施,具体而言,保持涉及重点领域以及大型国有企业的国有性质不变,而为盘活国有资产,小型国企可以通过股份制改造或出售来完成国有资产的重新配置。提高国有企业经营效率,搞活优化国有资产,甩掉经营不善的国企包袱均在这一政策下起到了较好成效,但短期内大量职工下岗、失业率增加也是这一波国企改革的后遗症。如图4.10所示,1998年国企改革后,国有经济工业企业职工数大幅度下降,且由于监管不到位,国有资产流失问题在此阶段也较为严重。

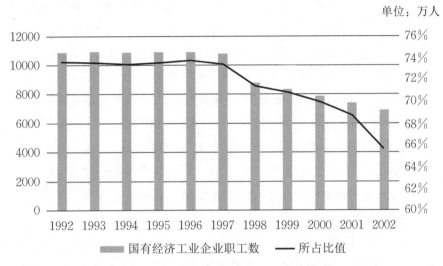

图 4.10　1992~2002年国有经济工业企业职工数及占比情况

再次,随着党的十四大、十五大确定非公有制经济的重要地位,个体、私营经济在这一时期逐渐发展壮大。据统计,全国个体工业企业数量在1998年占全国的比重就达到了77.2%,具体为621万户,个体建筑业企业为6.7万户,占比达62%,产值占比分别达到15.05%和28.6%。在就业方面,到1998年底城镇个体经济从业人员已达1709万人,个体经济从业人员在农村达3308万人,占全国城乡从业人员总数的7%。个体私营经济在餐饮业等相关服务行业,甚至已居主体地位。

最后,把握住我国市场不断开放的机会,外资经济开始迅速发展起来,外商投资热潮在全国各地上下纷纷掀起。据统计,实际利用外资总额在1992~2002年累计达到近5500亿美元。虽然从总量上看,外资经济在国民经济中所占比重依然不多,但具体到部分区域和产业,外资经济已经占据了重要地位。例如,以深圳为代表的较早开放的部分沿海地区,当地所有制结构中外资经济已然成为其主要经济形式。

总而言之,非国有经济随着国有经济的战略性调整,其比重在国民经济中不断上升,愈来愈多样的所有制成分是未来的发展趋势。这一时期国企改革出现新调整,私营经济、个体经济和外资经济均得到迅速发展。

三、所有制成分变化的深入阶段(2003年至今)

中国经济体制转轨在此阶段进一步深入。如何进行所有制结构改革与完善在十六大召开后受到决策层更多的重视。十六大报告指出,必须要坚持公有制为主体,坚持发展公有制经济,但同时也必须鼓励和支持非公有制经济发展。2003年,十六届三中全会提出在公有制经济中大力推行股份制,还要大力发展混合所有制经济。同时,要在市场准入方面扩大非公有制经济范围,对非公有制经济进行积极引导力求其大力发展。各种所有制经济相互促进、平等竞争是这一阶段改革的明确定位,并在2007年十七大上得以确立。如果法律未禁止,那么非公资本就有进入公共设施、电信、电力、金融等垄断行业的权力,以产权清晰为手段,以流转顺畅为目的的产权制度改革也在稳步实施,并且在法律上得到了进一步保护。

2012年底,所有制改革在十八大中得到重大突破,不同市场主体公平竞争理论被首次提出,其亮点是以三个平等作为核心内容,即法律保护上同等享有、生产要素上平等使用、市场竞争上公平参与。

首先,围绕公司制、股份制的推广,这一时期国企改革不断深化,在优化治理结构和经济布局同时,以健全企业管理制度为手段,国有经济的控制力、活力和影响力得到显著增强。目前国有企业股权分置改革基本完成,所有国有控股上市公司已实现股改程序。同时,非金融类的生产性全国国有及国有控股企业得到了稳步发展和持续增强,国有企业的生产效率以及盈利能力相较于20世纪90年代初步改革时期得到了大幅度提升,与民营企业及外资企业进行市场竞争时也不落下风。伴随国际金融危机的爆发,国有企业因政府万亿级规模投资政策出台而产生了新的发展机遇,当然社会中"国进民退"的质疑声也不可避免,一时间社会争议热点话题又转移到国企与民企的地位问题。

其次,2005年颁布的"非公36条"和2010年出台的"新36条"是这一时期对于个体、私营经济来说比较重要的两个政策文件。鼓励支持引导私营、个体经济发展也在这两个政策文件中体现得淋漓尽致,也充分表明了壮大民营企业,大力发展以私营、个体经济为主体的非公有制经济得到了最高决策层的认同。民营经济发展到现在,已经成为社会主义市场体系中不可或缺的重要组成部分,对国民经济长期稳定起到了协调作用,民营经济在经济运行越艰难阶段体现出的作用是越大的。从总量来看,GDP 中 50% 以上都是由中国民营经济所贡献,财政收入的近六成也是由民营经济所提供,大部分民生产品生产也由其所承担,城镇就业人口中的 85% 由其所吸纳,如图 4.11 所示。

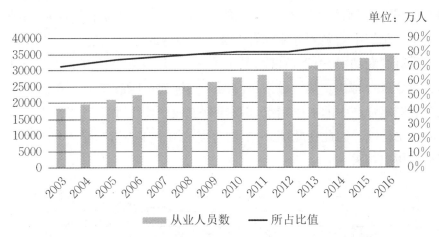

图 4.11　2003～2016 年城镇职工非公有制企业从业人员数量及占比

最后,在外资经济方面,自我国加入 WTO 以来,相关行业的管制壁垒不断放开,入世承诺被积极履行,外资企业被允许和内资企业充分竞争,同时外资企业超国民待遇也被逐步取消,逐步趋向平等性是内外资企业这一时期的主要竞争特征。同时,形式逐步多样化是这一时期我国利用外资的典型特征,在规模不断扩大的基础上也实现了质量和水平的提高。另据国家统计数据,中国从 1993 年起至今已经连续 27 年成为发展中国家吸收外资最多的经济体。

第三节　城乡收入差距与所有制结构相关关系分析

在本章前两节中,分析了城乡收入差距的历史变动情况以及我国经济结构中所有制调整状况。既然需要研究所有制变动对城乡收入差距的具体影响,那么在二者之间相关关系的判定上就需要有一个初步认识。因此本节借助我国整体层面数据以及分区域的省级数据进行相关关系的考察。

一、城乡收入差距与所有制结构全国层面变动情况

首先,在全国层面进行城乡收入差距与所有制结构变动相关关系的考察。城乡收入差距衡量指标如第四章第一节所述,为城镇居民人均可支配收入和农村居民人均纯收入的比重。在所有制结构衡量上,在我国各统计年鉴以及统计局网站中,并未明确公布国有经济在国民经济中的比重到底有多少,另外由于在国内生产总值中明确划分非国有以及国有经济的界限也是十分困难的,因此在研究所有制变动中,由于数据的易于统计性,大多数学者用工业生产部门中的国有成分进行替代。其中最常用的两个指标就是国有工业企业固定资产在工业企业固定资产中的占比情况以及国有工业企业工业总产值在工业企业总产值的占比情况。因此在此部分,主要考察这两个核心指标变动与城乡收入差距变动的历史相关性。

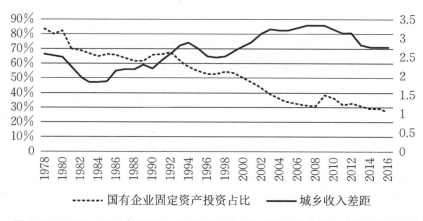

图 4.12　1978～2016 年国有企业固定资产投资占比与城乡收入差距相关关系

由图 4.12 可以看出,1978～2016 年这 39 年间,国有企业固定资产投资占比情况大致分成三个阶段:1978～1982 年,迅速下降阶段;1983～1992 年,微弱波动阶段;1993～2016 年,持续下降阶段。国有企业固定资产投资占比与城乡收入差距关系上,1978～1982 年二者同步下降,1983～1989 年二者反向变动;1990～1998 年二者基本上先同步上升,再同步下降;1999～2009 年二者再次出现反方向变动;2009 年以后二者同步下降。因此在 1978～2016 年间,国有企业固定资产投资占比与城乡收入差距出现两次反向变化情况,两期时长总共约 18 年,三次同步变化情况,三期时长总共约 21 年。因此在总体层面,无法判定

以国有企业固定资产投资占比衡量的国有经济占比情况到底对城乡收入差距产生何种影响。

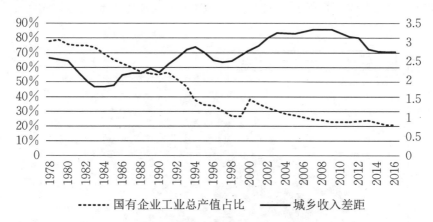

图 4.13 1978~2016 年国有企业工业总产值占比与城乡收入差距相关关系

下面再从国有企业工业总产值这一角度来考察所有制结构与城乡收入差距变动的相关关系。如图 4.13 所示，国有企业工业总产值占比情况只在 1999~2000 年出现瞬间上升，其他年份基本上均呈现稳步下降趋势。但是在城乡收入差距方面，本章第一节也说明了其总共产生了三次降低两次上升的五个阶段。因此与上述分析一致，从总体上仍然无法判定所有制结构的变动影响城乡收入差距的具体方向。其中的缘由，可能是影响城乡收入差距的因素太多，尤其是从全国层面上来看，部分时间段，其他因素对城乡收入差距造成的影响超过了所有制变动对城乡收入差距的影响，因此掩盖了所有制对收入差距作用的客观事实。另外 39 年的样本量对于分析变量间的相关性也是有所不足的。基于此，本文将进一步在省级层面考察所有制结构与城乡收入差距变动间的相关关系。

二、城乡收入差距与所有制结构省级层面变动情况

上一部分分析了全国层面所有制结构与城乡收入差距变动间的关系，主要从国有工业企业固定资产投资占比与总产值占比两个视角进行了考察，发现从全国层面无法判断二者间的具体相关性，因此在本部分内容中，将样本量进行细化，以省级单位作为考察样本，探究所有制与城乡收入差距间的相关关系。由于统计口径的明显变动以及省级层面统计数据的缺失，本书无法获取 1978

~2016年所有省级层面衡量所有制结构的国有企业工业固定资产投资、工业总产值占比以及城乡收入差距准确数据。考虑到数据的可得性,本节最终选择了1999~2016年这18年间的省级层面数据(西藏及港澳台地区除外)。

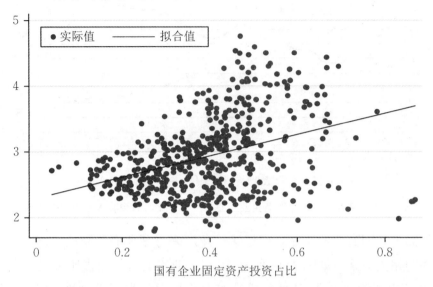

图4.14　1999~2016年省级层面国有企业工业固定资产投资占比与城乡收入差距相关关系

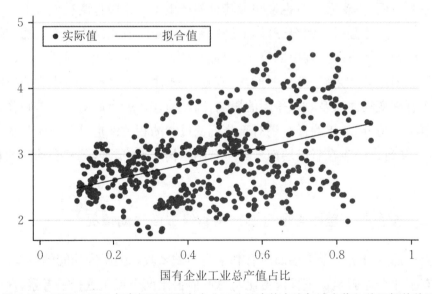

图4.15　1999~2016年省级层面国有企业工业总产值占比与城乡收入差距相关关系

图4.14显示了省级层面国有工业企业固定资产投资占比与城乡收入差距两个变量之间的散点图以及拟合的趋势线。根据散点图及趋势线来看,二者之

间呈现明显的正向相关关系。

再看图4.15，从国有企业工业总产值占比视角来看，二者之间的正向相关关系更为明显。因此，克服总体层面多重因素作用于城乡收入差距掩盖所有制作用方向的事实，以及样本量受限的局限性，省级层面的数据支持了以国有经济占比衡量的所有制结构正向影响城乡收入差距的客观事实。

本 章 小 结

本章通过整理相关数据，分析了我国城乡收入差距、所有制结构变动情况以及二者之间的相关关系。据分区域考察数据可知，东中西各部分城乡收入差距变动趋势与全国趋势相吻合，在城乡收入差距大小上，西部地区最大，中部次之，东部最低。所有制结构变动经历了三个阶段：初始阶段、调整阶段及深入阶段，总体趋势是由国有所有制在国民经济中的绝对占比转向多种所有制成分共同发展，并逐步实现不同市场主体公平竞争。在所有制结构变动及城乡收入差距相关性方面，全国层面的数据无法进行明确判断，但是利用省级面板数据扩充样本后发现，国有制占比提升会正向影响城乡收入差距的变动情况。

找准行为主体的目标是进行经济学分析的基准条件(作假设)。谈到我国所有制基础时，行为主体当然是制定经济计划、法令与约束国有制企业投资决策的我国政府。然而，增加国有制比重或者拉大城乡收入差距都不能说是我国政府的"经济学"目标：国有制比重不能和经济效率等价，而贫富差距增大会伤害社会稳定，因此可能对长期发展产生负影响。

本文认为，我国政府以提高(短期)经济增速为目标，并且曾经以夯实国有制工业基础为手段实现此目标，而城乡收入差距拉大是此目标实现过程中产生的"附属品"。在下一章中，我们将构建一个假设农业和工业部门独立的二元经济模型，阐释国有制与城乡收入差距之间呈现正相关关系的内在逻辑。

第五章 理论分析:我国国有制基础下的城乡收入差距

根据第四章的描述性分析,不难发现国有制基础和城乡收入差距呈正相关关系。本章将从理论角度考察经济发展过程中,城乡收入差距被拉大的可能原因,进而推出国有制与国家目标(GDP 增速)对于城乡收入差距的影响。

收入与财富的不平等对于发展的影响,以及经济增长如何影响贫富差异是发展经济学、宏观经济学中的经典问题。20 世纪 90 年代之前,经济学领域的普遍共识是:贫富差异将毫无争议的促进经济发展。这是因为:① 收入的不平等具有激励人力资本付出努力的效果。例如,在道德风险框架中,产出随着人力资本的努力程度而增加,然而努力程度却是不可被观测的,固定收入机制会降低人力资本投入的积极性,反之,根据个人产出设定奖金尽管会提高雇员之间的收入差距,但也会激励所有人提高努力程度,增加产出,为经济发展带来更高的边际贡献(Mirrless,1971;Rebelo,1991)[117-118];② 对经济体而言,投资决策仅由少数掌握了大量财富的"资本家"来做,往往利于发展。例如,建设新的产业或者设立新的研发部门,这些经济活动往往需要大量的沉没资本,如果经济体内的贫富差距较小(财富不集中),将通过增加交易成本(包括谈判成本、执行成本与搜寻成本)的方式,降低沉没资本的融资效率,减缓经济发展速度,因为多个体控股的股份制企业,其决策过程更加繁琐,这将加大融资中的谈判成本;而且资本的运作需要企业的管理层监督,分散的股权会带来监督过程中的搭便车行为(部分股东选择不行使监督义务,避免相关成本的支出),进而加大投资后的执行成本;最后,由于财富不集中,企业必须通过金融中介进行融资,产生了搜寻成本(Diamond,1984;Grossman & Hart,1986)[119-120]。然而,20 世纪 90 年代后的进一步研究发现,"贫富差距"对于增长(产出增加)的作用被之前的理论"夸大"了,首先,收入差距的激励作用不能被无限制放大(与产出成 1∶1 关系),因为经济波动与个人产出风险使得风险厌恶的员工偏好固定收入与"社会保障"制度,员工愿意通过之间的私下协议(长期"合作"),共同付出努力作为风险补偿,规避与产出风险挂钩的收入风险(Thomas、Worrall,1990; Aghion、Dewartripont、Rey,1994)[121-122];其次,在中欧的国有企业私有化过程中,分散的初始财富可以通过委托金融中介(一般是创立投资基金)予以集中,或者委托某个大股东作监督代理(CEO),将沉没成本的融资效率提升,也就是说不需要多股东分别监督投资的企业,而是股东之间先达成代理和投资协议,再由代理方监督(Tirole,2007;Martimort、Moreira,2010)[123-124],由于投资对于所有股东是有利的,而委托-代理结构可以降低未来的监督成本与执行成本,所以协定的谈判成本也会较低。然而此类理论都大多从博弈、契约与机制设计的视域出发,是仅仅基于理性假设构建的非参数框架,并不能给出利于实证分析的参数框架,更未能体现出城乡产出效率、生产技术水平与城乡贫富差异的直接联系。此外,上述西方经济学理论也未能揭示国有制影响贫富差异的机制。

20 世纪 90 年代之后,经济学领域对经济增长之于贫富差距的作用,其关注点在于库兹涅茨假说(Kuznets,1955)[125]的严格性:贫富差距与经济(GDP)呈倒 U 形关系,即经济在最高点和最低点时,贫富差距极小,而经济处于中间值时,贫富差距较大。因此,库兹涅茨假说认为经济持续增长的特征是贫富差距永远减小。从第二次世界大战结束到 20 世纪 70 年代末,西方世界的主要经济体其经济特征基本符合上述假说,可是到了 20 世纪 90 年代,经济合作与发展组织(OECD)国家认识到自己的贫富差距已迅速加大(Atkinson,1996;Piketty,1996)[126-127]。相关理论认为:由于经济增长的动力来自技术进步,所以经济增长带来的贫富差距(收入差距)拉大一定来自于技术的偏向性进步,技术进步对劳动力质量作出了新的划分,原先被认为具有相同贡献能力的群体被分割成高技术水平劳动力和低技术水平劳动力,而经济体内的企业与雇主都去竞争高水平劳动力,并减少对低水平劳动力的需求(Aghion、Howitt,1992)[128]。然而,偏向性技术进步并不能说明收入差距的拉大是"永久的",这是因为教育最终将使得高技术水平在劳动力中普及,"消灭"低技术劳动力,使收入差距缩小(Galor、Tsiddon,1994)[129]。综上,库兹涅茨假说仍然可能是严谨的,因为西方经济体在20世纪70年代发生了制度上(欧洲的私有化)与技术上(信息技术的普及)的变革,经济增长步入一个新的阶段;在过渡时期(一个较长的时期,20世纪80年代至今),发生的贫富差距拉大则是新增长模式启动的表现。上述研究,一方面说明所有制基础(欧洲的私有化改革)对于贫富差距有着重要影响,但在另一方面说明,库兹涅茨假说无法成为分析我国城乡收入差距的基础框架,因为我国明显处在经济转型阶段(从一个增长模式转为另一个增长模式),不能用稳定增长模式下的假说来判断经济转型期的特征。

基于上述分析,本部分将构造一个简单的理论框架。框架构建的目标有:能描述城乡收入差异,能体现城乡生产率差异,能体现城乡增长差异,能应用市场机制,能嵌入所有制基础。这里采用 Roland Benabou(1996)[130]的框架,并进行简化。Benabou(1996)框架的优点在于:无需考虑人力资本与普通劳动力之间的收入差距,无需考虑劳动力流动和失业率对贫富差距的影响,可以集中探讨生产率水平对贫富差距的作用机制。Benabou(1996)为研究收入差距对增长的影响,假设个体差异来自技术变量的随机扰动,且为了研究社会保障制度对增长的影响,将重新分配规则纳入分析框架。本部分基于我国城乡差异的现实,将假设个体差异来自确定的技术差异与初始的财富差异,且为了研究所有制基础,将技术变量的随机扰动与重新分配规则去除,并重新定义了生产函数形式,以便分析国家目标。

第一节 基 础 框 架

为简化分析,本部分仅考虑农业生产部门与工业生产部门(第一产业与第二产业),其中农业生产部门集中在农村,工业生产部门则完全集中在城市。农业部门的代表性消费者(生产者)A 的人口占比为 $\mu(\mu\in(0,1))$,初始财富水平为 ω_A;工业部门的代表性消费者(生产者)I 的人口占比为 $1-\mu$,初始财富水平为 ω_I。任意的 $i\in\{A,I\}$,都将完全控制投资、消费与未来的产出;令生产函数 $\tilde{y}_i=(k_i)^\alpha(\sigma_i y_i)^{1-\alpha}$,其中 $\tilde{y}_i$ 是后一期产出,k_i 是代表性消费者 i 当期的投资,σ_i 是部门 i 的技术参数,y_i 是当期产出量,$\alpha\in(0,1)$ 是柯布-道格拉斯(Cobb-Douglas)参数。

代表性消费者也是生产者且完全掌握生产的设定最初由 Robert E. Lucas

(1972)给出,因此市场机制被简化成为 Edgeworth 纯交换机制,也因此货币中性(或者在随机扰动下,接近中性)是必然结果,分析时就可以直接忽略货币政策宏观调控的影响,即忽略通货膨胀[131]。与 Lucas(1972)不同,这里采用 Benabou(1996)的资本交换,而不是产品交换,这样贫富差距的变化将主要由资本流动决定,或者将由资本所有者决定,而不是由产品市场的价格"剪刀差"决定,利于探讨资本的所有制结构对于经济的影响。注意到 σ_i 不能完全代表 i 的技术水平,当期产出 y_i 也是技术水平的影响水平,此设定来自新古典分析的 AK 模型:经济增长与资本增长成固定比,即存在参数 a_i,使得 $\tilde{y}_i = a_i k_i$;假设在稳定增长中 $\tilde{k}_i = \lambda_i k_i$,并令 $a_i = (\sigma_i/\lambda_i)^{1-a/a}$,上述生产函数满足 AK 假定。根据 Barro(1990)[132],政府通过扩大公共投资,可以实现接近 AK 的增长模式,因此,可以预见采用 AK 设定将大幅简化本部分关于国有制作用的分析。

进一步,初始财富 ω_i 将被用于当期消费 c_i、投资 k_i 和资本借贷 b_i。假设代表性消费者是理性的,因此 $\omega_i = c_i + k_i - b_i$(当期财富无浪费);其中 $b_i < 0$ 表示资本借出,$b_i > 0$ 表示资本借入。给定资本回报率 r(资本市场价格),$\tilde{\omega}_i = \tilde{y}_i - rb_i$ 为 i 后一期的财富水平,即后期产出与资本补偿之差。

给定 r 与时间折现参数 $\rho \in (0,1)$,代表性消费者的最大化问题为

$$\max_{k_i, b_i} \ln c_i + \rho \ln \tilde{\omega}_i = \max_{k_i, b_i} \ln(\omega_i - k_i + b_i) + \rho \ln(\tilde{y}_i - rb_i) \quad (5.1)$$

即代表性消费者在当期消费与下一期财富之间最权衡。增长问题分析之中的基本范式是找出当期消费 c_i 与下一期消费(作为 $\tilde{\omega}_i$ 的函数,可以记作 $\tilde{c}_i(\tilde{\omega}_i)$)之间的恒定替代关系,以构造稳态增长过程;本部分并不需要稳态增长过程,所以用 c_i 和 $\tilde{\omega}_i$ 之间的权衡作为简化。

对式(5.1)的最大化问题求导,可得

$$\frac{1}{\omega_i - k_i + b_i} = \frac{\rho \alpha}{\tilde{y}_i - rb_i} \frac{\tilde{y}_i}{k_i} \quad (5.2)$$

$$\frac{1}{\omega_i - k_i + b_i} = \frac{\rho r}{\tilde{y}_i - rb_i} \quad (5.3)$$

式(5.2)和式(5.3)表明:当期消费、当期投资和当期借贷的边际效用对于某个代表性消费者而言是相等的,也因此得到资本市场的回报率满足:

$$r = \alpha \frac{\tilde{y}_i}{k_i} = \alpha \left(\frac{\sigma_i y_i}{k_i} \right)^{1-\alpha} \quad (5.4)$$

而资本市场出清时,有

$$\mu b_A + (1-\mu)b_I = 0 \tag{5.5}$$

结合式(5.2)~式(5.5),可以解出一般均衡下,有

$$k_I = \frac{\mu\omega_A + (1-\mu)\omega_I}{\mu\frac{\sigma_A y_A}{\sigma_I y_I} + (1-\mu)} \frac{\alpha\rho}{1+\alpha\rho}, \quad k_A = \frac{\sigma_A y_A}{\sigma_I y_I}k_I \tag{5.6}$$

$$b_I = \frac{\mu\rho}{1+\rho}\left(\frac{\sigma_A y_A}{\sigma_I y_I}\omega_I - \omega_A\right), \quad b_A = -\frac{(1-\mu)\rho}{1+\rho}\left(\frac{\sigma_A y_A}{\sigma_I y_I}\omega_I - \omega_A\right) = -\frac{1-\mu}{\mu}b_I \tag{5.7}$$

而根据式(5.4),可以将均衡下的未来财富 $\tilde{\omega}_i$ 改写为

$$\tilde{\omega}_i = \frac{r}{\alpha}(k_i - \alpha b_i) \tag{5.8}$$

再根据式(5.3)与式(5.4),初始财富也可以用均衡下的投资与借贷改写:

$$\omega_i = \frac{1+\alpha\rho}{\alpha\rho}k_i + \frac{1+\rho}{\rho}b_i \tag{5.9}$$

考察城乡财富差距的变化,仅仅需要比较 ω_I/ω_A 与 $\tilde{\omega}_I/\tilde{\omega}_A$ 之间的大小关系。

命题1 假设 $\omega_I > \omega_A$。城乡之间通过资本流动形成的市场均衡,在经济增长过程中拉大或缩小城乡之间的收入(财富)差距,取决于相对的初始财富、初始生产能力与技术参数。具体而言,$\omega_I/\omega_A < \tilde{\omega}_I/\tilde{\omega}_A$ 的充分必要条件为

$$(\omega_I/y_I)/(\omega_A/y_A) < \sigma_I/\sigma_A$$

即当且仅当城市(工业)的财富产出比与农村(农业)的财富产出比之间的比值小于工业与农业技术参数的比值时,城乡之间的资本交换机制将扩大城乡收入差距,否则将减少收入差距。

证明 结合式(5.6)~式(5.9)可得:

$$\frac{\tilde{\omega}_I}{\tilde{\omega}_A} = \frac{\dfrac{1}{1+\alpha\rho}\dfrac{\mu\omega_A+(1-\mu)\omega_I}{\mu(\sigma_A y_A/\sigma_I y_I)+(1-\mu)} - \mu\left(\dfrac{\sigma_A y_A}{\sigma_I y_I}\omega_I-\omega_A\right)\dfrac{1}{1+\rho}}{\dfrac{1}{1+\alpha\rho}\dfrac{\mu\omega_A+(1-\mu)\omega_I}{\mu(\sigma_A y_A/\sigma_I y_I)+(1-\mu)}\dfrac{\sigma_A y_A}{\sigma_I y_I} + (1-\mu)\left(\dfrac{\sigma_A y_A}{\sigma_I y_I}\omega_I-\omega_A\right)\dfrac{1}{1+\rho}}$$

$$\frac{\omega_I}{\omega_A} = \frac{\dfrac{\mu\omega_A+(1-\mu)\omega_I}{\mu(\sigma_A y_A/\sigma_I y_I)+(1-\mu)} + \mu\left(\dfrac{\sigma_A y_A}{\sigma_I y_I}\omega_I-\omega_A\right)}{\dfrac{\mu\omega_A+(1-\mu)\omega_I}{\mu(\sigma_A y_A/\sigma_I y_I)+(1-\mu)}\dfrac{\sigma_A y_A}{\sigma_I y_I} - (1-\mu)\left(\dfrac{\sigma_A y_A}{\sigma_I y_I}\omega_I-\omega_A\right)}$$

因此 $\omega_I/\omega_A < \tilde{\omega}_I/\tilde{\omega}_A$ 等价于 $(\omega_I/y_I)/(\omega_A/y_A) < \sigma_I/\sigma_A$。

为了更加严密地描述上述命题,我们在此说明:财富是农村和城市的,产出是农业和工业的,由于这里采用 Lucas(1972)的设定(个体既是生产管理者也是消费者),财富与产出才能作为同一主体控制下的变量,作除法。命题 1 的结果说明库茨涅茨假说具有"一定的"合理性。注意到在纯交换市场上: $(1-\mu)\tilde{y}_I + \mu\tilde{y}_A = (1-\mu)\tilde{\omega}_I + \mu\tilde{\omega}_A$,即加总产出与加总财富守恒。如果初期呈现贫富差距拉大的现象,即 $(\omega_I/y_I)/(\omega_A/y_A) < \sigma_I/\sigma_A$,那么随着经济增长,$\tilde{\omega}_I/\tilde{\omega}_A$ 将进一步增加,最终会出现 $(\tilde{\omega}_I/\tilde{y}_I)/(\tilde{\omega}_A/\tilde{y}_A) > \sigma_I/\sigma_A$ 的情况,此时贫富差距会缩小,也就是说城乡贫富差距在完备的资本市场条件下,可以与加总产出呈现倒 U 形关系。显然,无摩擦的资本市场并不存在,且我国的农业目前还不能被称为资本密集型产业(本部分的 AK 设定可能是过度的简化),所以命题 1 没有证明库茨涅茨假说能够解释我国城乡收入差距问题。然而,命题 1 还是给出了一个较为简单清晰的分析基础:结合式(5.7),$(\omega_I/y_I)/(\omega_A/y_A) < \sigma_I/\sigma_A$ 说明均衡下 $b_I < 0$(城市借出资本),$b_A > 0$(农村借入资本),这样初期资本从城市流入农村,后一期资本的回报(连本带利)则从农村流回城市,这是通过完备资本市场,造成城乡收入扩大的主因,即城市赚取农村投资的利润。反之,如果初期的资本流向是由农村流入城市,那么城乡差距将缩小:农村可以分享城市的经济增长。

可是,我国的农村(农业)和城市(工业)之间的资本流动很长时期以来都是后者直接从前者那里直接"夺走"资本,与利用资本市场赚取农业投资的利润相比,不仅会拉大城乡收入差距,还将损害农业生产。基于此,下一部分将从国有制基础出发,考察增长过程中的贫富差距问题。

第二节 国有制投资与国家目标

现在考虑如下粗放式的财富转移与国有制投资:政府将从农村的未来财富中转移一部分到城市;政府通过国有制企业约束城市的工业部门投资。

定义 1(财富"剪刀差") $t \in (0,1)$,农村代表性消费者的未来财富为
$$\tilde{\omega}_A = (1-t)(\tilde{y}_A - rb_A)$$
城市代表性消费的未来财富为
$$\tilde{\omega}_A = (\tilde{y}_I - rb_I) + t(\tilde{y}_A - rb_A)(\mu/1-\mu)$$

定义 2（国有制产生的工业投资约束） 工业投资必须满足 $k_I \geqslant K$。

定义 2 中的 K 并不等于国有企业投资，它包括国有企业投资与私有的（或者集体的）"配套"投资，随着国有企业规模扩大，其下游企业（行业）也会必然扩大，尽管其边际资本回报率会下降，但是国企会因为自身维持规模的需要，补贴其下游企业的投资（Laffont，2002）[133]。从新中国成立到党的十七大召开的近半个世纪里，我国的发展策略一直是用"农业补贴工业"的模式，也就是定义 1 中的农村人口可以预计其财富将被剥夺一部分，用于补贴城市人口（主要从事工业生产的劳动者）。而工业生产者，如果预计到未来的财富中存在着"不劳而获"的部分，显然会增加当期消费，进而减少投资，减少工业产出。于是，国有企业的投资将起到带头作用，使得工业投资不少于某个基础投资数字，即定义 2 中给出的约束。这里的 K 并不是国有企业投资总量，而是通过国有企业投资带动全部工业投资。国家这样做的理由显然是为了更高的增长速度，产业部门 i 的产值增长速度为

$$g_i = \ln(\tilde{y}_i/y_i) = (1-\alpha)\ln\sigma_i + \alpha(\ln k_i - \ln y_i) \tag{5.10}$$

即产业部门的增长速度随着技术参数和资本投入上升，也随着现有的产量下降。如果资本市场促使两个产业部门可以形成稳定的增长速度，那么 k_i/y_i 将不会随着时间变化，根据式（5.4），在稳定增长过程中 $(k_I/y_I)/(k_A/y_A) = \sigma_I/\sigma_A$。可以肯定的是工业技术水平高于农业技术水平，或者说 $\sigma_I/\sigma_A > 1$。结合式（5.10），可知工业部门与农业部门一定会处于不平衡增长之中，且 $g_I > g_A$。无论农业人口占比 μ 有多大，相对于对农业投资，通过国有企业加大对工业的投入（$k_I \geqslant K$）必然会提高整体增长的速度。然而这种对工业的投入必须以压低工业人口消费水平为代价，为避免工业生产者对投资约束的抵触，造成投资约束在执行方面的困难，政府需要做财富转移，将农村的资本（例如土地）转移到城市，赋予工业人口投资的积极性。因此，基于政府促增长的目标，国有制企业的扩张与城乡之间的财富"剪刀差"作为政策是相辅相成的；之后，将证明对于城乡收入差距问题，尽管财富"剪刀差"是直接拉大收入差距的，但它作为机制仅仅起到对国有制投资约束的辅助作用。

根据上述定义，修改基础框架中的模型。注意到只有国有制约束为紧时，即在均衡中有 $k_I = K$ 时，国有制对于扩大城乡贫富差距才有意义。因此，农业代表性生产者与工业代表性生产者的效用最大化问题分别变为

$$\max_{k_A} \ln\left(\omega_A - k_A - \frac{1-\mu}{\mu}b_I\right) + \rho\ln(1-t)\left(\tilde{y}_A - r\frac{1-\mu}{\mu}b_I\right)$$

$$\max_{b_I} \ln(\omega_I - K + b_I) + \rho\ln(\tilde{y}_I - (1-t)rb_I + t\tilde{y}_A)$$

其中 $r = \partial\tilde{y}_A/\partial k_A$，而 $b_A = (1-\mu/\mu)b_I$。定义 1 与定义 2 的制度设计，使得资本市场均衡转变为纳什均衡，即农业代表性生产者通过自身的投资水平控制住资本回报率；而工业代表性生产者通过借贷 b_I 实现国有制投资约束 K。给定 b_I，农业代表性消费者的最优反应满足：

$$\frac{1}{\omega_A - k_A - b_A} = \rho\frac{r - (1-\alpha)b_A r/k_A}{\tilde{y}_A - rb_A} \tag{5.11}$$

给定 k_A，工业代表性消费者的最优反应满足：

$$\frac{1}{\omega_I - K + b_I} = \rho\frac{(1-t)r}{\tilde{y}_I - (1-t)rb_I + t\tilde{y}_A} \tag{5.12}$$

此时纳什均衡存在，为非整数阶方程组的某个解（受到非整数阶多项分式 $r = \alpha(\sigma_A y_A/k_A)^{1-\alpha}$ 的影响，因此不存在显示求解公式）。由于这里主要考察城乡收入差距问题，且国家控制财富"剪刀差"，所以我们无需解出均衡解，仅结合式(5.11)、式(5.12)可知：

$$\frac{\tilde{\omega}_I}{\tilde{\omega}_A} = \frac{\omega_I - K + b_I}{\omega_A - k_A - b_I(1-\mu/\mu)}\frac{(1-t)k_A}{k_A + (1-\alpha)b_I(1-\mu/\mu)} \tag{5.13}$$

令 $K_A = k_A + b_I(1-\mu/\mu)$ 为农村的总投资水平，$\tau_A = k_A/K_A$ 为农业投资占农村总投资的比重。这里当国家设定的 K 足够大时（即 $K/(\omega_A + \omega_I)$ 相对较大时），随着国有制产生的工业投资约束 K 的进一步增加，τ_A 必然减少，因此伤害农业生产。进一步，可得：

$$\frac{\tilde{\omega}_I}{\tilde{\omega}_A} = \frac{\omega_I}{\omega_A}\frac{c_I/\omega_I}{c_A/\omega_A}\frac{1-t}{\alpha + (1-\alpha)/\tau_A} \tag{5.14}$$

所以城乡收入差距拉大，即 $\frac{\tilde{\omega}_I}{\tilde{\omega}_A} = \frac{\omega_I}{\omega_A}$，当且仅当 $\frac{c_I/\omega_I}{c_A/\omega_A} > \frac{\alpha\tau_A + (1-\alpha)}{(1-t)\tau_A}$。其中 c_i/ω_i 为 i 的初期消费财富比，$[\alpha\tau_A + (1-\alpha)]$ 是农村总投资对下一期社会加总财富的边际效应，而 $(1-t)\tau_A$ 为农村总投资通过财富"剪刀差"被压缩后的农业产出边际效应；据此将二者之比称为农村投资的总财富效应与农业产出效应之比。

命题 2 当国有制产生的工业投资约束能力足够大时，城乡收入差距拉大，当且仅当现期城市消费财富比与农村消费财富比严格大于农村投资未来总财富效应与农业产出效应之比时，即

$$\frac{c_I/\omega_I}{c_A/\omega_A} > \frac{\alpha\tau_A + (1-\alpha)}{(1-t)\tau_A} \tag{5.15}$$

且财富"剪刀差"带来的财富转移越少,即 $1-t$ 越大,城乡收入差距越容易拉大。因此,国有制企业的工业投资约束是决定城乡收入差距的主要制度约束。

与市场一般均衡相比,国家控制的国有工业投资以及财富剪刀差使得城乡收入差距拉大的机制发生彻底的改变:前者(根据命题1)是因为城市(工业)的财富产出比与农村(农业)的财富产出比之间的比值小于工业与农业技术比(也就是产业部门增长潜力的比值),后者则是因为城乡消费财富比差距(城乡消费的财富效应差距)大于农村投资总财富效应与农业产出效应之比。前者可以被理解为资本市场根据产业部门的增长潜力调整资本流向所带来的财富变化,当城乡收入差距变大时,资本是由工业部门净进入农业部门的;后者可以理解为资本市场(较弱的)控制在农业代表性消费者手中(较强的控制在国家的国有工业投资约束 $k_I \geqslant K$ 之中),因此当农业投资带来的产出效应相对于农村投资的财富效应时,农村的财富积累仍然主要依靠农业产出,而无法依赖农村资本进入工业部门后所带来的回报,而城乡财富"剪刀差"作为国有制投资的显著特征,所带来的城乡当期消费的财富效应差距会随国有制约束的增强而变大(即 $k_I > K$ 时,城乡之间消费的财富效应因为效用函数相同,所以是相同的),而更有消费激励的一方会更多地积累财富,因此成为城乡收入差距拉大的另一个因素。如命题2所述,我国很长时期以来,城乡收入问题的主要制度约束是国有制,而且命题2的结论与西方经济学界过往的共识存在本质区别:西方学界认为国有企业发展有利于提高社会福利的供给,从而减小经济中的贫富差距(Laffont、Tirole, 2014)[134];命题2则认为国有制改变了城乡收入差距的机制,而不能确定是拉大还是缩小了这个差距,特别是基于我国现实——城乡消费财富比差距大,且农村总财富积累难以依赖对非农部门的投资,国有制应当加大城乡收入差距,而不是像西方经济学认为的那样会减少。

本 章 小 结

如前所述,城乡财富"剪刀差"与国有投资的强势仅仅是"权宜之计",是为了在当时的经济基础下(y_A, y_I),获得更大的增长速度:

$$g = \ln([\mu\tilde{y}_A + (1-\mu)\tilde{y}_I]/[\mu y_A + (1-\mu)y_I]) \qquad (5.16)$$

这种"掠夺"对于任何国家都不能长久,一方面,因为"掠夺"破坏了行为人市场价格接受者的地位,所以伤害了配置的帕累托有效性(根据福利经济学第一定理),政府必须顶住来自个体的追求帕累托改进的压力,而且只可能在短期内顶住这样的压力;另一方面,随着 y_I 的增加,工业部门的增长潜力会下降[见式(5.10)],政府也会失去通过扩大工业投资带来增长速度的动机,逐渐放弃执行国有投资约束以及配套的城乡财富"剪刀差"。

现阶段,我国对农村财富和农业生产的政策已经从"掠夺"转变为"补贴"。一方面,财富"剪刀差"随着精准扶贫正在逆转($t<0$);另一方面,经济中的国有投资比重随着"供给侧"改革正在下降(说明约束放松 $k_I>K$),形成了城市(工业)反哺农村(农业)的态势。基于这个现实,以上理论给出了城乡收入差距会随着国有投资比重下降(国有企业投资约束的放松)而减少的预测,即经济将处于接近于命题1的环境之中,而只要农村资本可以持续地进入城市,通过资本回报分享城市的经济增长,那么城乡收入差距必将减小。

然而,城乡收入差距与国有制水平在统计描述中的正相关关系,并不代表其间呈显著的正相关关系,这是因为城乡收入差距还受诸如对外开放度、区域经济发展水平、城镇化率等一系列因素的影响,所以本书会在接下来的章节中对上述结果作实证检验。

第六章　所有制结构与城乡收入差距关系基准计量

第一节　所有制基础影响收入差距的相关背景

随着工业化进程的加快,城市经济快速发展,国有经济从农村汲取资源的力度也有所减弱。与此同时,工业反哺农业政策的推进,农村劳动力流动受户籍制度限制的松动,都使得农业经济发展迅速,农民收入稳步提高。但是,这绝不意味着城乡收入差距已经不受国有经济的影响了。相反,国有经济在整个国民经济中的特殊地位仍然作用于市场资源配置,由于所有制基础导致的机会不平等依然明显阻碍了城乡收入的均等化进程。本书认为所有制基础会通过如下三种影响路径对城乡收入差距波动产生冲击。

首先是所有制的行业收入差距效应。国有企业与垄断密不可分,在现实中,企业的国有属性往往伴随着一定程度上的垄断性质,主要表现为如下两种形式:一是具有自然垄断属性的行业往往被国有资本所控制,一个明显的例子就是1995年以后,国有企业改革的重点就是"抓大放小",重新整合了优质资产,使得国有及国有控制经济集中在具有自然垄断性质的金融、能源及通信等领域;二是完全依靠行政权力获得垄断地位,行政垄断的典型就是食盐、烟草、酒类产品等专营制度。国有企业全民所有的特殊性使得所有权的虚置是其典型特征。一般情况下,国有企业所固有的"所有权虚置"扭曲了"委托—代理机制",导致工资决定机制严重偏离利润最大化的目标,管理者将部分利润转换为行业高收入成为国有企业的普遍现象。国有企业的垄断性及"所有权虚置"特征造成了总体上国有企业占比较高的行业,其平均收入水平也较高。据测算,垄断、所有制及国有垄断对行业收入差距的贡献分别达到15.58%、7.1%及7.57%。而国有企业的自身优势决定了一般情况下,处于城市中的人力资本积累较高的个体才可以获得赚取更多劳动收入的机会,而处于乡村或者游离于城市边缘的求职者,其获取国有企业职位,进而步入高收入行业的机会微乎其微,城乡收入差距无形中会因为所有制基础导致的行业收入差异而拉大。

其次是所有制的劳动力市场分割效应。夏庆杰等人(2012)研究证明,劳动力市场在中国城镇与乡村之间远未形成统一市场,改革开放已有多年,这一状况依然未能好转,所有制分割及省际分割是引致这一现象的重要原因[135]。非国有部门受到市场配置效率的影响更大,其对农村迁移劳动力的接纳能力更强,转移劳动力由此获得的工资收入一般被计入其人均纯收入中,若其他条件不变,城乡收入差距会因非公有部门吸引农村多余劳动力而产生下降趋势,但若工资水平在国有部门中也产生变化,且其工资水平提升程度比非国有制部门更为明显,那么城乡收入差距将进一步扩大。所有制对城乡劳动力市场的分割不仅仅作用于一代人,更影响了收入的代际传递。有研究表明,在党政机关、事业单位和国有企业等体制内部门工作的父代对子代收入影响最大,其次为私营企业、外资企业和自我雇佣等体制外部门,父代对子代收入的影响最小的情况发生于集体经济部门。

最后是所有制的政策工具作用。我国中央集权和多级政府财政分权并存的体制,对地方政府行政行为有直接影响,地方官员为了在竞争中胜出,干预经济运行的动机更为强烈。我们有理由相信,国有企业的特殊性决定了它是政府干预经济行为的最直接政策工具。政府通过安排曾经在政府部门任职的官员到企业担任高管,从而加强对国有企业的控制。可以看出,国有企业和政府有着天然的联系,政府通过市场垄断、资源低税费和金融抑制等形式的暗补,对国有企业进行偏向性的政策倾斜,以便通过控制国有企业而去影响经济运行方式。也就是说,地方政府通过国有企业这一桥梁,进行偏向于城市而"漠视"农村、农民和农业的经济政策,最终目标是追求在地方竞争中获胜。因此国有企业占比越高,政府实行城乡差别性政策的效果就越明显,但这无形中加剧了城乡收入差距。

第二节　所有制与城乡收入差距关系计量检验

一、模型设定

由于1978～1998年的省级面板数据缺失,本章选用1999～2016年30个省级行政区域数据(西藏及港澳台地区除外),对城乡收入差距的所有制原因进行详细分析,因此,关键解释变量是所有制基础,被解释变量是城乡收入差距。为纠正遗漏变量造成的计量结果不准确,还加入了影响城乡收入差距的其他控制变量,模型如下:

$$gap_{i,t} = controls + \alpha \times gap_{i,t-1} + \beta \times owner_{i,t} + \theta_t + \rho_i + \mu_{i,t} \quad (6.1)$$

其中,gap表示城乡收入差距情况;$owner$表示所有制变动情况;$controls$为控制变量,包括各区域经济增长速度($gdprate$)、工业化水平($indus$)、城镇化水平($urban$)、外商投资水平($invest$)以及市场开放程度($open$)。年份固定效应用θ_t表示,省份固定效应用ρ_i表示,随机干扰项用$\mu_{i,t}$表示,相关变量的具体含义如下:

(1) 城乡收入差距状况。2013年前后,指标是衡量农村居民人均收入的指标发生了变化,因此在2013年前,指标是用城镇居民人均可支配收入除以农村居民人均纯收入的比值表示;在2013年后,用城镇和农村居民人均可支配收入的比值表示。虽然指标发生了变化,但是前后数据衔接较好,因此并不影响城乡收入差距在各省的变动趋势。

(2) 所有制状况。本书研究中的所有制主要指国民经济中的国有经济占比状况,考虑到服务业部门无相关统计数据,所以在构建指标时重点考虑工业部门。为保证指标的合理性及可获取性,本书借鉴吴振宇等人(2015)的研究,使用国有经济固定资产投资占社会总固定资产投资的比重进行所有制衡量[136]。

(3) 经济发展水平。应瑞瑶等人(2011)指出伴随着经济增长,城乡间固定投资的非均衡性扩大了收入差距[137]。因为经济发展速度不同也会影响城乡收入差距水平,因此也被放入控制变量中,运用GDP增速进行测算。

(4) 工业化水平。吴浜源等人(2014)基于1990～2011年的宏观数据,利用脉冲响应函数得出总体上工业化抑制了城乡收入差距的拉大的结论[138]。本书将工业化水平引入控制变量,用制造业增加值与 GDP 的比重对工业化水平进行衡量。

(5)教育水平。刘渝琳等人(2012)发现,收入再分配的功能并没有因为公共教育制度的推进而发挥有效作用,反而扩大了城乡收入差距[139]。本书使用每万人中大学生数量来衡量各省教育水平的高低。

(6)外商直接投资。外商直接投资可能会影响各省份的城乡投资分布状况,进而影响各地城乡经济的非均衡发展,所以也需要将其放入回归模型的控制变量中,本书用地区人均外商直接投资额作为衡量指标。

(7)开放程度。孙永强等人(2011)指出从长期来看,对外开放水平提升扩大了城乡收入差距,并且在金融发展区域性不均衡背景下,开放程度对收入差距的推进作用被进一步放大[140]。因此本书将其作为一控制变量引入进来,并且基于已有相关文献,本书用地区进出口总额占 GDP 的比重来衡量。

由于西藏以及港澳台地区相关数据的缺失,因此在分析时只采用大陆 30 个省级行政区域的数据,各变量数据由 2000～2017 年各省统计年鉴和《中国统计年鉴》《中国固定资产投资统计年鉴》以及《中国工业统计年鉴》整理而成。统计性描述见表 6.1。

表 6.1 变量统计性描述

变量	最小值	最大值	平均值	标准差	样本量
gap	1.7989	4.7586	2.9251	0.5864	540
$owner$	0.1011	0.8920	0.4551	0.2069	540
$pergdp$	4180	103800	32280	25568	540
$indus$	0.1974	2.9577	0.4659	0.1385	540
edu	6.5595	348.9753	136.1093	77.2403	540
$invest$	0.6659	1062.8700	102.7159	142.2931	540
$open$	0.0006	1.7781	0.3179	0.3963	540

二、回归结果及解释

在计量回归进行前,对部分变量进行了对数化处理以减弱数据波动性。方程(6.1)为动态面板模型,因为被解释变量滞后项包含在回归方程中,所以需要克服滞后项内生性问题。广义矩估计(GMM)是解决这一问题的常用方法,本节中选用了系统广义矩估计法(SYS-GMM),对方程进行回归。在回归中,本节采用了控制变量逐步加入法,以期得到稳健的结果。SYS-GMM得出的结果见表6.2。

表6.2 计量方程回归结果

变量	(1)	(2)	(3)	(4)	(5)	(6)
gap滞后一期	0.9176*** (0.0103)	0.8644*** (0.0117)	0.8737*** (0.0140)	0.8854*** (0.0367)	0.8659*** (0.0331)	0.8644*** (0.0353)
$owner$	0.7982*** (0.0408)	0.8326*** (0.0181)	0.5532*** (0.0360)	0.2742*** (0.0428)	0.2185*** (0.0398)	0.2307*** (0.0449)
$pergdp$		0.0078*** (0.0011)	0.0108*** (0.0017)	0.0104*** (0.0032)	0.0088*** (0.0030)	0.0010 (0.0031)
$indus$			−0.9725*** (0.1145)	−0.7158*** (0.1764)	−0.6065*** (0.2178)	−0.7010** (0.3044)
$lnedu$				−0.0671*** (0.0163)	−0.0410** (0.0161)	−0.0427*** (0.0157)
$invest$					−0.0228*** (0.0063)	−0.0156* (0.0087)
$open$						−0.0011 (0.0386)
Wald chi2(8)	8196.80	17237.78	19530.84	11669.59	10039.30	7215.29
AR(2)检验	0.4438	0.4113	0.3344	0.3066	0.2561	0.2461
Sargan检验	0.9408	0.8878	0.8834	0.8851	0.8887	0.9148

注:括号内为标准误值,***、**、*分别表示1%、5%、10%显著性水平。

对于GMM法而言,Sargan检验和AR检验在回归(1)至回归(6)都得到了通过,说明选取的滞后期工具变量十分有效,且回归中不存在严重的自相关问题,回归结果比较科学。逐步加入控制变量,所有制结构的系数一直显著为正,并且在1%的水平下都是显著的。这表明,城乡收入差距在国有制占比较高的省份中更加明显。控制变量方面,城乡收入差距会因为工业化、高等教育普及、外商投资增加而显著下降。

三、稳健性进一步检验

（一）替代变量回归

为了保证回归结果的稳健性，本文找出了衡量所有制结构的替代变量。基于已有文献，本书使用规模以上国有及国有控股工业企业总产值与规模以上工业企业总产值之比作为替代变量[141]，对方程式(6.1)进行重新回归，结果见表 6.3。

表 6.3 所有制替代变量回归

变量	(7)	(8)	(9)	(10)	(11)	(12)
gap 滞后一期	0.8697***	0.8471***	0.8579***	0.8718***	0.8511***	0.8678***
	(0.0110)	(0.0133)	(0.0099)	(0.0087)	(0.0224)	(0.0226)
$SubOwner$	0.6127***	0.6515***	0.4964***	0.3559***	0.2827***	0.2649***
	(0.0330)	(0.0407)	(0.0352)	(0.0609)	(0.0884)	(0.0893)
$pergdp$		0.0052***	0.0077***	0.0080***	0.0087***	0.0075***
		(0.0011)	(0.0016)	(0.0014)	(0.0026)	(0.0025)
$indus$			−0.6596***	−0.5642***	−0.5888***	−0.5666**
			(0.0975)	(0.1044)	(0.1898)	(0.2762)
$lnedu$				−0.0413***	−0.0301**	−0.0399**
				(0.0141)	(0.0146)	(0.0200)
$invest$					−0.0118*	−0.0098
					(0.0071)	(0.0103)
$open$						−0.0324
						(0.0277)
Wald chi2(8)	7165.22	8737.55	24624.02	24233.64	33483.82	72105.39
AR(2)检验	0.3314	0.3221	0.3164	0.3064	0.2278	0.2599
Sargan 检验	0.9382	0.8791	0.8895	0.8962	0.8951	0.8912

注：括号内为标准误值，***、**、* 分别表示 1%、5%、10%显著性水平。

逐步加入控制变量，回归(7)至(12)中所有制结构的系数在 1%的水平下显著为正。这一结果进一步支持了表 6.2 的结论,表明所有制占比较高确实不利于城乡收入差距的缩小。

(二) 内生性问题

由于方程式(6.1)并非是某个经济结构方程的简化,我们不能直接排除存在其他与解释变量具有相关性的影响因素,据此我们用工具变量法进行内生性克服。这里采用核心解释变量和其替代变量的滞后一期作为工具变量,对方程(6.1)进行再次回归,得到表 6.4 中的结果。

表 6.4 工具变量回归

变量	(6)iv	变量	(12)iv
gap 滞后一期	0.8172*** (0.0132)	gap 滞后一期	0.8461*** (0.0133)
$owner$	0.1367*** (0.0525)	$SubOwner$	0.4284*** (0.0486)
$pergdp$	0.0101*** (0.0028)	$gdprate$	0.0065*** (0.0020)
$indus$	−1.0660*** (0.3183)	$indus$	−0.4694* (0.2707)
$invest$	−0.0338*** (0.0084)	$invest$	−0.0033*** (0.0101)
$lnedu$	—	$lnedu$	−0.0202* (0.0115)
$open$	−0.0363* (0.0196)	$open$	−.0112*** (0.0255)
Wald chi2(8)	16876.30	Wald chi2(8)	12497.22
AR(2)检验	0.1598	AR(2)检验	0.3112
Sargan 检验	0.8744	Sargan 检验	0.9019

注:括号内为标准误值,***、**、*分别表示 1%、5%、10%显著性水平。

可以看出使用工具变量法再次回归后,所得的结果依然是稳健的,即国有所有制经济占比指标及其替代变量均正向影响城乡收入差距,并可以通过 1% 的显著性水平检验。

(三) 安慰剂检验

安慰剂检验(placebo test)的思路如下：如果城乡收入差距的国有制拉大效应不受遗漏变量的干扰，那么当被解释变量为其他所有制经济占比时，对城乡收入差距进行回归后，被解释变量的估计系数同样不应该显著为正。与国有制相对应，本节以私有制(PriOwner)经济在国民经济中的占比情况作为安慰剂检验被解释变量，其测算方法为个体私营企业固定资产投资占社会总固定资产投资中的比重。如果城乡收入差距水平不会因为私有制经济占比提升而明显地提升，那么更加可以佐证前文结论的正确性，基于此得出表 6.5 中的回归结果。

表 6.5 安慰剂检验

变量	(13)	(14)	(15)	(16)	(17)	(18)
gap 滞后一期	0.8254***	0.8290***	0.8557***	0.8416***	0.8222***	0.8740***
	(0.0110)	(0.0113)	(0.0110)	(0.0141)	(0.0205)	(0.0311)
$PriOwner$	−1.2165***	−1.2834***	−0.5860***	−0.1971***	−0.2965***	−0.1004*
	(0.0778)	(0.0840)	(0.0559)	(0.0486)	(0.0661)	(0.0524)
$pergdp$		0.0011***	0.0087***	0.0065***	0.0091***	0.0087***
		(0.0010)	(0.0015)	(0.0020)	(0.0024)	(0.0030)
$indus$			−1.4362***	−0.8539***	−0.8474***	−0.6233**
			(0.1087)	(0.1736)	(0.2408)	(0.2625)
$invest$				−0.0422***	−0.0373***	−0.0174***
				(0.0079)	(0.0093)	(0.0070)
$open$					−0.0658***	−0.0324
					(0.0231)	(0.0374)
$lnedu$						−0.0740***
						(0.0143)
Wald chi2(8)	11709.86	12473.80	20392.51	9502.52	7936.49	9304.54
AR(2)检验	0.2986	0.3526	0.2809	0.2691	0.2317	0.2357
Sargan 检验	0.9406	0.8981	0.8868	0.8841	0.8944	0.9006

注：括号内为标准误值，***、**、* 分别表示 1%、5%、10% 显著性水平。

表 6.5 显示,进行安慰剂检验后发现私有制经济占比的系数与预期相一致,显著负向影响了城乡收入差距,因此通过安慰剂检验,国有制占比过高会提升城乡收入差距的结论是较为可靠的。

第三节 城乡收入差距所有制基础的门限回归

上一节得出的结论是:国有经济占比降低,会显著缩小城乡收入差距。然而,上述是在整体层面的把握,对不同的经济发展阶段缺少解释。第五章命题 2 中的式(5.15)说明:城乡收入差距是否拉大依赖于经济发展阶段(消费财富在城乡居民之间的比值),因此,存在条件使得城乡收入差距与国有制基础之间呈单调递增关系,而如果条件不成立,则可能呈递减关系。在本节中,我们将利用 30 省的面板数据,引入门限回归模型,充分考察各地区经济发展不均衡的现实,识别出国有制和城乡收入差距之间正相关的经济发展条件。

选择门槛变量是本节的首要任务:根据第五章第一节命题 2(以消费财富在城乡居民之间的比值为条件),城镇化率的相关变量似乎能够作为门槛变量。然而,我国的城镇化进程受到中央和地方政府的干预较多,作为经济发展水平的相关指标,其中蕴含的市场主导作用是不确定的。为了避免政府在不同时期、不同地区的干预能力差异,对回归结果产生无法排除的影响,这里将使用 30 省各个时期的人均 GDP 作为门槛变量。

为避免人为划分经济发展水平的区间带来的偏误,在探究城乡收入差距是否受到所有制结构影响、是否存在门限状况时,采用 Hansen 的门限回归模型进行分析和检验。根据数据自身的特点,经济发展水平区间被进行内生性划分,进而研究所有制结构在不同的经济发展水平下,其对城乡收入差距的影响是否存在差异。门限回归模型最早由 Hansen 提出,单一门限回归模型如下:

$$y_{it} = \theta_1 x_{it} + e_{it}, \quad q_{it} \leqslant \gamma \quad (6.2)$$

$$y_{it} = \theta_2 x_{it} + e_{it}, \quad q_{it} > \gamma \quad (6.3)$$

其中,t 表示年份,i 表示地区,x_{it} 为解释变量,y_{it} 为被解释变量,q_{it} 为门限变量,e_{it} 则为残差项。式(6.2)面板门限回归模型表示的是门限变量 q_{it} 小于等于门限

值 γ 时的情况,式(6.3)面板门限回归模型表示的是当门限变量 q_{it} 大于门限值 γ 时的情况。门限函数 $I(\cdot)$ 可以在此基础上构造出来,其值取为 1,说明满足括号中的条件,反之取 0。合并上述两个式子可以得出:

$$y_{it}=\theta_1 x_{it}I(q_{it}\leqslant\gamma)+\theta_2 x_{it}I(q_{it}>\gamma)+\theta' x'_{it}+\rho_i+\nu_t+e_{it} \quad (6.4)$$

其中,ρ_i 表示各个省市区的个体效应,ν_t 表示各个省市区的时间效应,x'_{it} 为控制变量,其余的变量含义如上所述。系数 $\theta_1,\theta_2,\theta',\gamma$ 为待估参数。相应地,多重门限模型以此类推,以双重门限模型为例,其余的不再赘述,双重门限回归模型如下:

$$\begin{aligned}y_{it}=&\theta_1 x_{it}I(q_{it}<\gamma_1)+\theta_2 x_{it}I(\gamma_1\leqslant q_{it}\leqslant\gamma_2)+\theta_3 x_{it}I(q_{it}>\gamma_2)\\&+\theta' x'_{it}+\rho_i+\nu_t+e_{it}\end{aligned} \quad (6.5)$$

因变量 y_{it} 表示城乡收入差距 gap_{it},门限变量 q_{it} 以及核心解释变量 x_{it} 均为所有制结构变量 $owner_{it}$,表示国有经济在国民经济中的占比情况,控制变量 x'_{it} 为金融规模($fins$)、工业化水平、对外开放程度和人力资本水平。

以城乡收入差距为因变量,以所有制结构为核心解释变量,以经济发展水平为门限变量,以金融规模($fins$)、工业化水平、对外开放程度和人力资本水平为控制变量,分别对单一、双重和三重门限模型进行检验。以城乡收入差距为因变量的门限值估计及检验结果见表 6.6。

表 6.6 以城乡收入差距为因变量的门限值估计结果及检验

	门限估计值	P 值	BS 数	10%临界值	5%临界值	1%临界值
单一门限模型	10.0426	0.0000	300	60.9320	73.6844	89.1076
双重门限模型	9.3030,10.1824	0.0133	300	32.4350	38.4160	61.1172
三重门限模型	9.7055	0.6633	300	43.4317	50.5805	64.3325

自抽样 P 值在单一、双重及三重门限模型中的取值分别为 0.000、0.0133 以及 0.6633,门限效应在单一门限以及双重门限的条件下显著,三重门限效应的显著性并未通过检验,说明在所有制结构对城乡收入差距产生的影响中,经济发展水平存在两个门限估计值,分别为 9.3030 以及 10.1824。因此,下面就不同经济发展水平下,城乡收入差距受到所有制变动影响的双重门限效应进行深入分析和探讨。

表 6.7 以城乡收入差距为因变量的门限模型系数及其检验

单门槛			双门槛		
变量	系数	P 值	变量	系数	P 值
$fins$	−0.2159	0.000	$fins$	−0.2986	0.000
$indus$	−0.1011	0.704	$indus$	−0.1320	0.605
$open$	0.1346	0.112	$open$	0.0780	0.332
edu	0.2546	0.000	edu	0.3766	0.000
$owner$（lnpergdp≤10.0426）	−0.4960	0.002	$owner$（lnpergdp≤9.3030）	−0.6480	0.000
$owner$（lnpergdp>10.0426）	0.2878	0.042	$owner$（9.3030<lnpergdp≤10.0426）	0.1649	0.221
			$owner$（lnpergdp>10.0426）	0.6503	0.000
常项	1.9670	0.000		1.3687	0.000

当门限模型因变量为城乡收入差距时,各个参数及其检验见表 6.7。当经济发展水平小于等于 9.3030 时,所有制结构的系数为−0.6480,其与城乡所有制结构呈负相关,此时 P 值为 0.000,在 1% 的显著水平上显著。当经济发展水平介于 9.3030 与 10.0426 之间时,所有制结构的系数为 0.1649,其对应的 P 值为 0.221;当经济发展水平大于 10.0426 时,所有制结构的系数为 0.6503,且对应的 P 值为 0.000。在这两个阶段,所有制结构当量增加一个单位,城乡收入差距变量分别增加 1.1649 和 0.6503 个单位。我们可以看到所有制结构对于城乡收入差距的影响在不同的经济发展水平下,其作用是有所区别的。具体来看,在经济发展水平低于 9.3030 时,国有经济占比的提升会对城乡收入差距起到一定的抑制作用;随着经济水平的进一步提升,当其取值范围在 9.3030～10.0426 之间时,所有制结构的变动对城乡收入差距的影响方向则发生了变化,此时国有经济占比提高也会造成城乡收入差距的拉大,但是此时还未能通过显著性水平的检验;当经济发展水平超过 10.0426 时,可以明显地看到国有经济占比的提升会明显地拉大城乡收入差距,并且可以通过 1% 的显著性水平检验。这说明在现阶段,当区域经济发展到一定程度后,所有制结构的变动调整迫在眉睫,尤其是国有经济占比提高,会在很大程度上挤占非国有经济的生存发展空间,

而此时农村劳动力在城市就业机会的减少等因素均会导致城乡收入差距扩大的可能性更为严重。在控制变量方面,金融规模可以有效抑制城乡收入差距的拉大,但是社会总人力资本的积累会扩大城乡收入差距。另外,在此门限回归计量模型中,工业化可能会缩小城乡收入差距,对外开放程度的提升可能会加大城乡收入差距,当然二者的影响效果不明显,均未通过10%显著性水平的检验。

双重门限的门限估计值与门限真实值的一致性可利用似然比统计量进行检验。通过图6.1和图6.2可以清晰发现,LR值为0时,对应的门限参数q分别为9.3030和10.1824。置信区间为95%时,门限估计值的置信区间为所有小于$LR=7.3523$的q构成的区间。所以经济发展水平的门限估计值9.3030与10.1824的置信区间分别为[9.2134, 9.3358]、[10.1623, 10.2035],真实性检验在经济发展水平的门限估计值中得以通过,因为两门限估计值都处于相应的置信区间内,估计值与真实值一致。

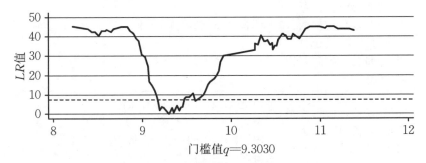

图6.1 第一重门槛似然比统计量检验图

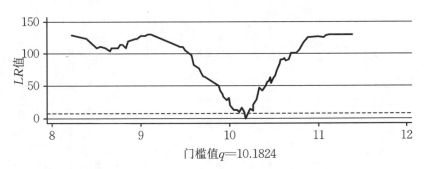

图6.2 第二重门槛似然比统计量检验图

下面就双重门限模型对1999～2016年我国30个区域经济发展水平相对门限值分布进行分析,见表6.8。我们可以看到,在1999年时,30个省级行政区域(西藏和港澳台地区除外)中有25个区域的经济发展水平均低于双门槛中的第一门槛值,因此从总体来看,所有制结构的变动,即国有经济占比提升会对城乡收入差距起到抑制作用;到 2005 年时,低于第一门槛值的样本区域有 11 个,处于两个门槛之间的区域有 13 个,高于第二门槛值的区域有 6 个,因此所有制结构的变动对城乡收入差距的影响方向的正负是不好判断的;到 2010 年时,低于第一门槛值的区域已经不复存在;而当到达 2016 年时,所有的区域经济发展水平均高于第二门槛值。因此我们可以认为在 2010 年以后,所有制结构变动如果是国有经济占比提升,那么城乡收入差距就会被拉大;如果国有经济占比下降,那么总体上城乡收入差距得到抑制会是十分明显的现象。

表 6.8 1999~2016 年的我国 30 个省级行政区域经济发展水平相对门限值分布情况

年份	lnpergdp≤9.3030	9.3030<lnpergdp≤10.0426	lnpergdp>10.0426
1999	河北、安徽、福建、山西、内蒙古、辽宁、吉林、黑龙江、湖北、湖南、江苏、江西、山东、河南、广西、海南、重庆、青海、宁夏、四川、贵州、云南、陕西、甘肃、新疆	浙江、北京、广东、天津	上海
2005	安徽、江西、甘肃、青海、宁夏、湖南、广西、云南、陕西、四川、贵州	河北、山西、山东、河南、内蒙古、辽宁、吉林、重庆、新疆、黑龙江、福建、湖北、海南	北京、江苏、浙江、天津、广东、上海
2010	无	安徽、江西、广西、四川、贵州、云南、甘肃	北京、天津、浙江、福建、河北、山西、江苏、内蒙古、辽宁、吉林、黑龙江、上海、山东、河南、湖北、湖南、广东、海南、重庆、陕西、青海、宁夏、新疆
2016	无	无	安徽、江西、甘肃、北京、广西、四川、贵州、内蒙古、云南、福建、山东、天津、河北、山西、辽宁、吉林、黑龙江、上海、江苏、浙江、青海、宁夏、河南、湖北、湖南、广东、海南、重庆、陕西、新疆

本节从非线性视角,引入第三关系变量经济发展水平,着重研究在考虑城乡收入差距,在以经济发展水平作为门槛变量的情况下,其受到所有制结构变动影响是否存在区间差异性。基于1999~2016年的省际面板数据,采用Hansen面板门限回归模型进行分析和检验,可以得出随着各地区经济发展水平的提升,所有制结构对城乡收入差距的影响是否存在门限效应,最终发现,在经济发展水平处于较低阶段时,国有经济占比的提高在一定程度上可以抑制城乡收入差距,但是当经济发展水平超过一定程度时,国有经济占比的提升会导致城乡收入的拉大,可能的原因是经济处于较发达状态后,市场在资源配置中的基础性地位已经明确并发挥日益重要的作用,国有经济比重提高也就意味着政府对市场经济进行干预的可能性就越大,这有可能会造成资源配置的扭曲,不利于农村与城镇劳动力以及相关生产要素的合理流动,从而阻碍了收入差距缩小的进程。

本 章 小 结

第五章基于特征事实描述,发现所有制结构变动与城乡收入差距之间存在正的相关关系;而本章第一节通过构建一个理论模型对二者之间呈现正向关系的现实进行合理性说明。但是从严格的统计意义上来说,所有制结构变动是否正向影响了城乡收入差距还需要进一步验证,因此本章第二节基于1999~2016年省级面板数据,对国有经济占比来衡量的所有制结构正向影响城乡收入差距的统计描述进行计量检验。通过使用国有经济固定资产投资占社会总固定资产投资比进行所有制指标的衡量,并基于GMM方法验证了上述假设,即国有制占比越高,城乡收入差距可能会越大。本章还使用了替代变量法、工具变量法和安慰剂检验,均证实了上述结论的可靠性。

城乡收入差距是否拉大还依赖于经济发展阶段,因此,存在某个经济发展阶段,城乡收入差距与国有制基础之间呈单调递减关系。所以,本章进一步引入门限回归模型,识别出国有制和城乡收入差距之间正相关的经济发展条件,得出当人均GDP水平较低时,国有制能降低城乡收入差距,但是当经济发展水平较高时,国有制提升反而会拉大城乡收入差距。

第七章 城乡收入差距及其所有制的收敛性分析

第六章主要验证了所有制结构变动对城乡收入差距的正向影响,并使用了多种方法实现回归结果的稳健性。不过,第六章仅是基于变量之间的绝对变化所做的分析,而变量之间的相对变化是否依然存在稳态正向关系,还需要进一步考察。

基于此,本章将引入收敛性模型,进行深入分析。收敛性模型不仅可以判断变量间相对变化的弹性系数,还可以考察城乡收入差距收敛速度、收敛所达到的半生命周期以及稳态值,比较不同区域间的特征差异,为深入了解城乡收入差距变动特征以及与所有制变动间的相关关系提供更多信息。

第一节 模型设定与数据说明

一、城乡收入差距收敛模型

对经典的 β 收敛模型进行改进,城乡收入差距的收敛性模型如下:

$$\ln(g_{i,t}/g_{i,t-1}) = \alpha + \beta\ln(g_{i,t-1}) + \mu_{i,t} \tag{7.1}$$

其中,$g_{i,t}$ 为第 i 个地区在 t 时期的城乡收入差距情况,$g_{i,t-1}$ 为前一期指标。$\mu_{i,t}$ 为随机干扰项,β 为收敛系数,α 为常数项。对于式(7.1)而言,如果满足 $\beta<0$ 并且显著,那么可以说明区域城乡收入差距是收敛的,否则为发散的。若模型收敛,根据系数,可以进一步计算出半生命周期 τ、收敛速度 υ 以及稳态值 ψ,计

算公式如下:
$$\tau = \ln(2)/\upsilon, \quad \upsilon = -\ln(1+\beta)/t, \quad \Psi = \alpha/(1-\beta) \quad (7.2)$$

二、所有制结构与城乡收入差距关系收敛模型

为了实证研究,构建出所有制结构、城乡收入差距二者之间的收敛模型分析,即所有制结构、城乡收入差距二者之间存在关联性函数,本节参照 Markandya 等学者的计量方法[142-144],建立收敛计量模型如下:

$$\widetilde{g}_{i,t} = A\left(\frac{z_{a,t}}{z_{i,t}}\right)^{\varphi} g_{a,t} \quad (7.3)$$

上述模型中,i 和 t 分别代指省份与时期指标,A 代指数值型常数,$g_{a,t}$ 表示于 t 时期内全部地区的城乡收入差距均值;$z_{a,t}$ 表示所有地区的所有制结构均值;$z_{i,t}$ 表示对象地区中的排序第 i 的地区在时期 t 的所有制结构值。φ 是代指收敛弹性的核心指标,主要表达地区中所有制结构对城乡收入差距所产生的影响的收敛弹性。

为了更合理地构建收敛模型,这里引入变量的一阶滞后项:

$$g_{i,t} = g_{i,t-1}\left(\frac{\widetilde{g}_{i,t}}{g_{i,t-1}}\right)^{\mu} \quad (7.4)$$

上述函数中,$g_{i,t}$ 与 $z_{i,t}$ 对应,代指对象地区中的排序第 i 的地区在时期 t 的城乡收入差距值;$g_{i,t-1}$ 则是对象地区排序第 i 的地区在时期 $t-1$ 的城乡收入差距值;μ 表示时间上的调整因子。

上述两个函数进行联立,同时对函数等式进行对数取值化处理,最后可以得到收敛模型函数如下:

$$\ln(g_{i,t}/g_{i,t-1}) = B + C \times \ln(g_{a,t}/g_{i,t-1}) + D \times \ln(z_{a,t}/z_{i,t}) + \omega_{i,t} \quad (7.5)$$

上述收敛模型函数中,$B=\mu\ln A$,$C=\mu$,$D=\varphi\mu$,$\omega_{i,t}$ 为随机扰动项。

三、样本数据说明

(一)城乡收入差距状况(g)

2013 年前后,统计数据中表达农村居民人均收入的指标进行了改变,因此在 2013 年前,通过城镇居民人均可支配收入除以农村居民人均纯收入来表达;在 2013 年后,用城镇和农村居民人均可支配收入的比值表示。虽然指标发生

了变化，但是前后数据衔接较好，因此并不影响城乡收入差距在各省的变动趋势。

(二) 所有制状况(z)

本书中的所有制主要指国民经济中的国有经济占比状况。基于服务业部门无相关统计数据，所以在构建指标时重点考虑工业部门。参考吴振宇等人(2015)的计量方式，这里采取国有经济固定资产投资在全社会的固定资产投资所占的比重来表达。本文认为，选择不同的指标来测算所有制结构，在计量回归时，所有制变量系数可能会略有差异，但是并不会对最终结论产生重大影响。

同时，为分析区域性特征存在而产生的差异性，本研究进一步对样本进行了两种分类：第一种，按照区域位置，将样本分为东中西；第二，按照所有制结构数值和城乡收入差距数值大小，将其分为高数值和低数值样本。

样本数据选择范围及来源已经在第六章第二节中详细说明过，这里不再赘述。表7.1是各个变量详细的统计性特征描述。

表 7.1 变量统计性特征描述

变量		最大值	最小值	平均值	标准差	样本量
全部	z	0.8687	0.0362	0.3911	0.1356	540
	g	4.7586	1.7989	2.9251	0.5864	540
变量		最大值	最小值	平均值	标准差	样本量
参照区域	z	0.6942	0.2055	0.4213	0.1414	102
	g	4.5938	2.1345	3.1402	0.6445	102
变量		最大值	最小值	平均值	标准差	样本量
被考察区域	z	0.8687	0.0362	0.3836	0.1333	438
	g	4.7586	1.7989	2.8713	0.5589	438

第二节 区域城乡收入差距收敛性

由于采用面板数据，在利用方程(7.5)进行实证检验时，为克服异方差及内生性等问题，引入区位虚拟变量和年度虚拟变量是客观需要的，用来反映区域

间存在特殊性的客观事实以及控制随着时间变化的相关因素。可将式(7.1)转换为

$$\ln(g_{i,t}/g_{i,t-1}) = \alpha + \beta\ln(g_{i,t-1}) + \sum \theta_i H_i + \sum \lambda_t T_t + \mu_{i,t} \quad (7.6)$$

其中,区位虚拟变量用 $H_i(i=1,2,\cdots,30)$ 表示,以反映城乡收入差距之外区域间因素差异性的存在;年度虚拟变量用 $T_t(t=1999,2000,\cdots,2016)$ 表示,用以控制随时间变化的其他相关因素。

双向固定效应误差因子模型要求 $\sum \theta_i H_i$ 和 $\sum \lambda_t T_t$ 的待估计参数残差项在方程(7.6)中服从正态分布;与之相对应,如果残差项为随机的,则称为双向随机效应误差因子模型。通过检验发现固定效应模型在本节中处理截面和时间数据均是最优选择。方程(7.6)的计量结果见表7.2。

表7.2 区域城乡收入差距收敛性检验

变量	总体	按区域位置划分		
		东部	中部	西部
α	0.2239***	0.2155***	0.2499***	0.2046***
	(.0251)	(0.0351)	(0.0495)	(0.0468)
β	−0.2091***	−0.2314***	−0.2464***	−0.1642***
	(0.0237)	(0.0385)	(0.0493)	(0.0373)
τ	2.9544	2.6335	2.4503	3.8649
ψ	0.1852	0.1750	0.2005	0.1757
υ	0.2346	0.2632	0.2829	0.1793
R^2	0.1482	0.1809	0.1733	0.1056
F值	78.15	36.22	24.95	19.37
P值	0.0000	0.0000	0.0000	0.0000
个体效应	控制	控制	控制	控制
时间效应	控制	控制	控制	控制

注:括号内为标准误值,*、**、*** 各代表10%、5%、1%显著性水平。

首先,纵观样本总数据,整体结果可以接受,尽管拟合优度数值不大(0.1482),然而F检验在1%的显著性水平时也通过了。另外,从变量系数角度观察,在1%显著性水平时,β值显著小于0,根据前文模型设定判断,$\beta<0$ 且

显著时,足以表明地区内的城乡收入差距的 β 收敛已经显著。同时,意味着地区之间的城乡收入差距尽管依然存在,但是差距相对大的地区的缩小速率呈现出更快的趋势,且逐渐靠近于差距较低的地区。根据公式(7.2)对收敛速度和半生命周期进行测算,半生命周期由 β 收敛模型测度出为 2.9544 年,收敛速度为 0.2346。总而言之,不断缩小的趋势是目前我国城乡收入差距拥有的典型特征,并且整体而言较快速度存在于城乡收入差距收敛过程中。

其次,自表 7.2 中可以发现,东部地区、中部地区、西部地区的城乡收入差距均表现出收敛的态势,在不同地区中仍表现出一定的差异。从收敛速度和半生命周期两个角度来看,前一指标中收敛速度最高的是中部地区,为 0.2829,而后分别是东部地区与西部地区,收敛速度分别为 0.2632 和 0.1793;后一指标中周期最长的是西部地区,为 3.8649,而后分别为东部地区和中部地区,收敛速度分别为 2.6335 和 2.4503。在这两个指标的对比中可以看出,中部地区在城乡收入差距的收敛速度上最快,最慢的则是西部地区;其半生命周期上最短的是中部地区,最长的则是西部地区;中部地区则位于中间位置。

最后,在城乡收入差距水平、所有制结构水平二者均存在差异的基础上,观察城乡收入差距的收敛状况后发现:① 城乡收入差距水平不同的地区,均表现出城乡收入差距收敛的趋势;② 较高、中等、较低三个不同城乡收入差距水平地区的城乡收入差距收敛速度分别为 0.2239、0.6883、0.4253,而在半生命周期指标中分别为 3.0955、1.0070、1.6298;③ 所有制结构水平强弱不同的地区,同样表现出城乡收入差距收敛的趋势;④ 强所有制结构水平地区的城乡收入差距表现出更快的收敛速度,达到弱所有制结构水平地区收入差距收敛速度的 3.2874 倍,同样的其半生命周期也相比弱所有制结构水平地区收入差距缩短 11.7858 年。具体见表 7.3。

表 7.3 按收入差距高低分类检验收敛性

变量	按收入差距高低划分			按所有制强弱划分	
	高	中	低	强所有制	弱所有制
α	0.2576*** (0.0567)	0.5192*** (0.0434)	0.2970*** (0.0403)	0.2583*** (0.0397)	0.0647* (0.0387)
β	−0.2006*** (0.0444)	−0.4976*** (0.0418)	−0.3464*** (0.0473)	−0.2162*** (0.0347)	−0.0714* (0.0391)

续表

变量	按收入差距高低划分			按所有制强弱划分	
	高	中	低	强所有制	弱所有制
τ	3.0955	1.0070	1.6298	11.0549	22.8407
ψ	0.2146	0.3467	0.2206	0.2124	0.0604
υ	0.2239	0.6883	0.4253	0.2436	0.0741
R^2	0.1219	0.4923	0.2888	0.1657	0.0431
F值	20.40	141.60	53.61	38.73	15.38
P值	0.0000	0.0000	0.0000	0.0000	0.0000
个体效应	控制	控制	控制	控制	控制
时间效应	控制	控制	控制	控制	控制

注：括号内为标准误值，*、**、***各代表10％、5％、1％显著性水平。

第三节 所有制结构与城乡收入差距之间收敛性关系检验

以上检验共同表明，以国有经济占比衡量的我国所有制结构随着时间的推移具有收敛趋势，整体而言我国国有经济在国民经济中的占比在不断下降。同时，各区域城乡收入差距也表现出显著的收敛性，我国城乡收入差距也在不断降低。那么整体城乡收入差距收敛性是否会受到所有制结构的收敛或者发散的影响呢？接下来本文利用模型(7.6)进行实证检验。同样，区位虚拟变量和时间虚拟变量被引入后，改进的模型(7.7)如下所示：

$$\ln(g_{i,t}/g_{i,t-1}) = B + C \times \ln(g_{a,t}/g_{i,t-1}) + D \times \ln(z_{a,t}/z_{i,t}) + \sum \delta_i W_i + \sum \eta_t T_t + \omega_{i,t} \quad (7.7)$$

上述改进模型之中，为便于表现出地区间可能存在的个体化不同，将W_i($i=1,2,\cdots,30$)代指对象地区的虚拟变量引入方程中；年度虚拟变量记为T_t($t=1999,2000,\cdots,2016$)，从而控制其他与时期有关其随之改变的相关指标因素。

本节同时采用了冗余固定效应来进一步检验上述改进模型(7.7)中是否存在固定时间效应和固定个体效应。同时，截面异方差、同期相关存在位于残差项的可能性不可避免,这里使用 White Period 加权矩阵计算获取稳定方差值,并利用 GLS 方法消除截面异方差。在此检验基础上,改进模型双向固定效应回归结果见表 7.4。

表 7.4 所有制结构和城乡收入差距之间关系收敛模型双向固定效应回顾结果

变量	系数	标准差	T 统计量
B	−0.0193***	0.0029	−6.62
C	0.3073***	0.0370	7.88
D	0.0234*	0.0120	1.94
R^2	0.2184	个体效应	控制
F 值	35.38	时间效应	控制

注:*、**、*** 各代表 10%、5%、1% 显著性水平。

观察表 7.4 结果数据可以发现,改进模型的整体效果可以接受。尽管拟合优度数值不大(0.2184),然而 F 检验在 1% 的显著性水平时也通过了。同时,B、C 系数在 1% 的显著性水平时也通过了,D 系数则在 10% 的显著性水平时也通过了检验。关键核心参数 φ,即地区所有制结构对区域城乡收入差距影响的收敛系数。通过之前的模型(7.4)以及 B、C、D 的系数值,这一关键核心参数即可被测算获得:由于 $\varphi=D/B\ln A$,通过幂运算后,测算获得 $A=\exp(B/C)$,最终得到 $\varphi=D/C$。

收敛系数 φ 代表了所有制结构变化对城乡收入差距的弹性,即所有制结构数值在变化 1% 时,会导致城乡收入差距造成 φ% 的结果,具体如下:

(1) 如果 $\varphi>0$,表明地区所有制结构差异每降低 1% 会造成城乡收入差距缩小 φ%,即收敛性是城乡收入差距的变化趋势。其中,当 $\varphi=1$ 时,表明城乡收入差距的收敛速度与所有制结构收敛速度相等;当 $\varphi>1$ 时,表明城乡收入差距的收敛速度大于所有制结构收敛速度;当 $0<\varphi<1$ 时,表明城乡收入差距的收敛速度小于所有制结构收敛速度。

(2) 若 $\varphi<0$,表明区域间所有制结构差距每降低 1% 会导致区域间城乡收入差距的差异扩大 φ%,即区域间城乡收入差距的变化趋势是发散的。其中,$\varphi<-1$,表明城乡收入差距的发散速度快于所有制结构的收敛速度;当 $-1<\varphi<0$ 时,表明城乡收入差距的发散速度慢于所有制结构的收敛速度。

根据计算,区域间所有制结构差异对区域城乡收入差距影响的收敛系数为

$\varphi=0.0761$。这表明不同区域的城乡收入差距变化的趋势是收敛的,即强所有制区域和弱所有制区域的所有制结构差距每降低 1 个百分点会引致区域间城乡收入差距间的差异大概降低约 0.0761 个百分点。因此就整体来说,在国有所有制结构逐渐减弱的同时,城乡收入差距也是在不断缩小的。同时因为 $0<\varphi<1$,可以看出城乡收入差距的收敛速度是小于所有制结构收敛速度的。

当然整体的收敛性存在遮掩住不同个体间差异特性的可能性,故而在下节内容中将对区域进行分类,从而进一步进行检验。

观察表 7.5 中的数据发现,在所有制结构水平差异性趋小的同时,东部地区、中部地区、西部地区之间的城乡收入差距的收敛情况具有较大的不同。具体而言,在东部地区、西部地区,所有制结构水平的收敛显著地推动了城乡收入差距的收敛,东部地区的 φ 值为 0.1044,西部地区的 φ 值为 0.0464,均小于 1 大于 0,这表明了这两个地区之中的城乡收入差距收敛速度要低于所有制结构水平的收敛速度;而在中部地区,这种收敛并没有显著性地表现,即在中部地区,所有制结构水平的收敛无法较为显著地影响并导致城乡收入差距的收敛。

表 7.5 分区域所有制与城乡收入差距关系收敛性检验及 φ 值

变量	东部	中部	西部
B	−0.0288***	−0.0914***	0.0500***
	(0.0062)	(0.0244)	(0.0063)
C	0.1379***	0.9198***	0.3903***
	(0.0232)	(0.0642)	(0.0443)
D	0.0144*	−0.0219	0.01815*
	(0.0082)	(0.0191)	(0.0106)
R^2	0.1461	0.4834	0.3290
F 值	18.25	55.22	39.96
φ	0.1044	−0.0238(不显著)	0.0464
个体效应	控制	控制	控制
时间效应	控制	控制	控制

注:括号内为标准误值,*、**、*** 各代表 10%、5%、1% 显著性水平。

进一步考察不同所有制结构强弱以及城乡收入差距高低,所有制结构与城乡收入差距收敛性关系情况,检验结果见表 7.6。

表 7.6　不同数值程度下所有制与城乡收入差距关系收敛性检验及 φ 值

变量	所有制结构（Ⅰ）		城乡收入差距（Ⅱ）	
	强所有制	弱所有制	高收入差距	低收入差距
B	0.0308***	−0.0496***	0.0371***	−0.1304***
	(0.0038)	(0.0044)	(0.0033)	(0.0092)
C	0.4076***	0.2964***	0.4431***	0.6055***
	(0.0438)	(0.0053)	(0.0350)	(0.0270)
D	0.1027***	0.0093***	0.0583***	0.0086
	(0.0204)	(0.0033)	(0.0165)	(0.0063)
R^2	0.3900	0.2892	0.4406	0.3921
F 值	62.01	46.18	88.22	67.07
φ	0.2520	0.0314	0.1316	0.0142（不显著）
个体效应	控制	控制	控制	控制
时间效应	控制	控制	控制	控制

注：括号内为标准误值，***、**、* 分别表示 1%、5%、10% 显著性水平。

观察表 7.6 中所有制结构的（Ⅰ）列的数据,可以发现在强弱不同的所有制结构水平下城乡收入差距的收敛状况。观察发现不论国有所有制结构是强还是弱,所有制收敛均会显著引致城乡收入差距收敛。前者的收敛系数为 0.2520,后者的收敛系数为 0.0314,这表明,所有制结构更强的地方,城乡收入差距收敛速度更快。

观察表 7.6 中城乡收入差距的（Ⅱ）列的数据,可以发现在高低不同的城乡收入差距下以及所有制结构水平下城乡收入差距的收敛状况。观察发现在较高的城乡收入差距地区,所有制收敛将会十分显著地引起城乡收入差距收敛,其系数值为 0.1316；而在较低的城乡收入差距地区,这种影响则表现得不够显著。

本 章 小 结

站在经济战略微调的角度,经济变量之间的长期绝对关系蕴含的指导意义,远不如短期相对变化关系所包含信息的价值高。本章通过改进 β 收敛模型,考察区域所有制结构与城乡收入差距收敛性之间的影响参数,并在此基础上进一步分析了城乡收入差距随着所有制结构变化的收敛或者发散情况,得出如下结论:

逐渐缩小的趋势是城乡收入差距目前的典型特征,并且城乡收入差距在区域间也是趋于收敛的,且国有制对城乡收入差距的影响在我国东部与西部各省呈现收敛状态,也就是说在东部如果下调1%的国有制比重将会使得城乡收入差距向收敛值推进0.25%,而在西部下调1%的国有制比重会使得城乡收入差距向收敛值推进0.13%。但从目前的数据来看,我们还无法估算在中部区域执行相关政策的效果。与此同时,本章也进一步证实了前几章对所有制结构变动与城乡收入差距之间相关关系的判断。

第八章　所有制基础影响城乡收入差距的作用机制分析

第六章与第七章详细讨论了所有制结构作用于城乡收入差距的具体方向，并分区域考察了城乡收入差距的收敛性，但未涉及所有制影响城乡收入差距的作用渠道。本章将基于特征事实描述以及实证检验，从经济增长潜力、城镇化水平以及政府干预程度三个方面对所有制缘何影响城乡收入差距给出合理解释。

第一节　模型设定与估计方法

本章试图深入研究城乡收入差距与所有制结构的内在关系，并重点分析城乡收入差距所有制效应中介作用是否存在于经济增长、城市化和政府干预中。当前主要存在两种检验中介效应的方法：一是构建联立方程组进行系统估计，二是分步估计法。前者虽然更擅长处理存在于系统多变量间的关系复杂性，但是一旦某个方程设定不合理，那么造成的估计偏误将会更严重；后者虽然在多个回归方程误差项相关性方面存在忽略，但是其具有更易于了解和操作的优点。本章考察城乡收入差距受到所有制结构影响的传导机制时，最终采用了传统的第二种方法，并且为了消除模型内生性，在回归过程中还使用了工具变量法和系统矩估计方法进行回归结果可靠性验证。

首先，不考虑经济增长、城市化和政府干预三因素，为检验城乡收入差距受到所有制结构的综合影响，构建如下基准面板模型：

$$gap_{it} = c + \alpha owner_{it} + \sum_{j=1}^{5}\beta_j X_{it}^{\ j} + \theta_t + \rho_i + \mu_{it} \tag{8.1}$$

其中，gap_{it} 为被解释变量，代表城乡收入差距；$owner_{it}$ 为所有制结构，反映国有及国有控股经济在整个国民经济中的占比情况；为使得地区异质经济环境得到消除，回归方程进一步加入了控制变量 X；ρ_i 和 θ_t 分别是刻画地区特征和时期特征的个体效应和时期效应，μ_{it} 为服从白噪声的误差项。可以推断，城乡收入差距随着国有制经济所占比例越大而提高，即预期 α 显著为正。

其次，为考察城乡收入差距受到所有制结构影响时经济增长、城市化和政府干预的中介作用，具体可以划分为如下步骤进行检验：第一，以地区经济增长速度、城市化率和政府干预为被解释变量，所有制结构为核心解释变量，检验经济增长、城市化和政府干预会受到所有制结构变动何种影响；第二，将被解释变量定义为城乡收入差距，经济增长、城市化率和政府干预为核心解释变量，进而检验城乡收入差距会受到经济增长、城市化与政府干预何种影响。面板模型设定对应如下：

$$gdprate_{it} \ or \ urban_{it} \ or \ gov_{it}$$
$$= c + \eta_1 \ or \ \eta_2 \ or \ \eta_3 owner_{it} + \sum_{j=1}^{5}\beta_j X_{it}^{\ j} + \theta_t + \rho_i + \mu_{it} \tag{8.2}$$

$$gap_{it}$$
$$= c + \delta_1 gdprate_{it} \ or \ \delta_2 urban_{it} \ or \ \delta_3 gov_{it} + \sum_{j=1}^{5}\beta_j X_{it}^{\ j} + \theta_t + \rho_i + \mu_{it} \tag{8.3}$$

如果研究假说成立的话，则预期 η_1 与 η_2 显著为负，δ_1 与 δ_2 显著为负，η_3 显著为正，δ_3 显著为正，对应的中介效应分别为 $\eta_1\delta_1$、$\eta_2\delta_2$、$\eta_3\delta_3$。换言之，国有经济所占比例提高会抑制地区经济增长速度和城市化进程，并且会使得城乡收入差距因政府干预经济行为更为明显而扩大。最后，为检验中介效应是否完全存在于经济增长和城市化中，即直接效应是否存在于城乡收入差距的所有制结构效应中，构建出如下面板模型：

$$gap_{it} = c + \vartheta owner_{it} + \lambda_1 gdprate_{it} \ or \ \lambda_2 urban_{it} \ or \ \lambda_3 gov_{it} + \theta_t + \rho_i + \mu_{it} \tag{8.4}$$

如果研究假说成立，当考察经济增长和城镇化中介效应时，ϑ 在统计意义上显著为正，λ_1 和 λ_2 统计意义上均应显著为负，且 ϑ 的绝对值应大于式(8.1)

中 α 的绝对值。当考察政府干预中介效应时,在统计意义上 ϑ 显著为正,λ_3 亦显著为正,且式(8.1)中 α 的绝对值应大于 ϑ 的绝对值。即城乡收入差距的所有制结构效应存在直接影响和间接影响两个层面,且相关中介变量就是经济增长、城市化和政府干预。在所有制结构变量系数不显著情况下,经济增长和城市化则为完全中介变量。在计量模型处理上,传统最小二乘(OLS)运用较为广泛,但是其存在内生性无法克服的固有缺陷,因此为消除异方差和内生性在模型中存在导致的估测偏误,除传统 OLS 外,本章还采用工具变量法(IV)估计和动态 GMM 估计。使用 GMM 方法时,对应的工具变量以主要被解释变量滞后 1~2 期为主,控制变量默认为外生变量。同时本章通过 Hausman 系数判定固定效应和随机效应的优劣及选择,发现固定效应最优。

第二节 指标选取与数据来源

本章涉及的指标以现有文献为依据进行选择,各变量符号、内涵及定义见表 8.1。城乡收入比及泰尔指数是本节测度两地区收入差距的主要指标。城乡收入比的衡量采用普遍做法,等于城市居民人均可支配收入与农村居民人均纯收入的比,该值越大,则具有越明显的城乡收入差距。对于所有制结构而言,使用国有及国有控股工业企业固定资产投资占总工业企业固定资产投资比重来衡量。对于经济增长,使用地区实际 GDP 增长速度来衡量,该值越大说明经济发展态势越好。

传统上习惯以城镇人口比重衡量城镇化,本章采用了总人口中非农人口比重衡量,因为前者可能会因为部分城镇常住人口缺少户籍而造成城镇化水平低估。对于政府干预,使用地方政府一般公共预算支出与一般公共预算收入的比值来进行测度。一般而言,地方政府支出行为由于经济增长的上级考核压力而更加倾向于城镇,继而会引致城乡收入差距随着地方财政支出占比越高而趋于不断扩大。

结合相关学者的研究(钞小静等,2014;陈斌开等,2013)[145-146],本章回归主要包括如下控制变量:① 金融规模,预期城乡收入差距随金融规模扩大而缩小。原因在于伴随着金融部门快速发展,金融二元特征将会被慢慢瓦解,农村所享受的金融服务水平将逐渐向城镇水平靠拢,利于农村经济发展。金融服务对于实体经济的服务规模,以金融机构贷款余额占 GDP 的比重测度。② 工业化,借鉴吴浜源等人的研究成果,本章用总商品生产部门增加值中制造业增加值比重来衡量工业化水平,并将其引入控制变量中。③ 对外开放,使用进出口总额占 GDP 的比重度量。预期城乡收入差距会随着对外开放而扩大,因为城镇居民人均收入会随着城镇地区聚集到更多的贸易相关产业而提高,但是很显然农村地区并没有如此优越的贸易条件。④ 不同的经济发展水平,表明其处在不同的发展阶段,因此其城乡收入差距的水平也是有区别的。在回归模型数据测算中,本章使用地区人均 GDP 来衡量经济发展水平状况。⑤ 人力资本,利用每万人中大学生数量来衡量,以反映人力资本水平在本区域的丰富程度。以往城镇集中了更多的高素质人才,但是越来越多的农村居民随着教育普及而获得智力和技能的提升,人力资本水平在农村地区也不断上升,有利于农村居民收入向城镇地区趋近。

表 8.1 变量说明

变量	符号	基本含义	度量方法
因变量	gap	城乡收入差距	城镇居民人均可支配收入/农村居民人均纯收入
核心解释变量	owner	所有制结构	国有及国有控股工业企业固定资产投资占比
中介变量	gdprate	经济增长速度	地区 GDP 年实际增长率
	urban	城镇化	非农业人口/总人口
	gov	政府干预	地方政府一般公共预算支出/收入
控制变量	fins	金融规模	地区年末金融机构贷款余额/GDP
	indus	工业化水平	制造业增加值/总商品部门增加值
	open	对外开放程度	进出口总额/GDP
	pergdp	经济发展水平	地区人均 GDP
	edu	人力资本	每万人中大学生人数

由于西藏地区资料缺失情况较为严重,因此回归样本并未包含此省份,因此本章共计 540 个观测值,研究样本为 1999～2016 年中国大陆 30 个省级行政区域年度数据。相关基础变量均来自各省区历年《统计年鉴》,衡量所有制结构的核心变量主要来自于历年的《中国统计年鉴》和《中国工业统计年鉴》,部分数据也来源于各省统计局网站。另外,若某一指标存在多个来源,本章在进行取舍时主要以各省统计年鉴为准。

第三节 典型事实分析

图 8.1～图 8.3 展现了城乡收入差距因经济增长、城市化以及政府干预等相关中介变量而受到所有制结构变化影响的特征事实描述。可以明显发现，经济增长和城市化受到以国有经济占比来衡量的所有制结构变化的负向影响，而城乡收入差距明显受到经济增长和城市化负向抑制作用。结合所有制结构在本书的概念界定，经济增长速度提高及城市化进程的加速均会因提升国有经济在整个国民经济中的占比情况而受到抑制，从而产生城乡收入差距扩大的严重

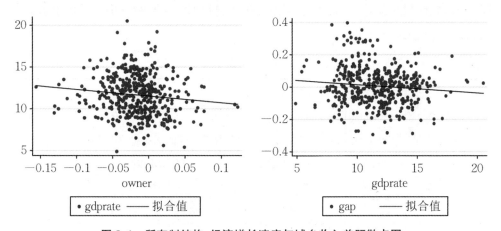

图 8.1　所有制结构、经济增长速度与城乡收入差距散点图

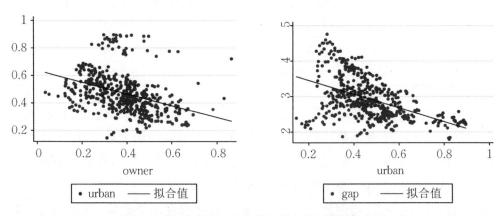

图 8.2　所有制结构、城镇化与城乡收入差距散点图

后果。另外,国有经济占比的提升使得政府干预经济行为的能力更为强烈,城乡收入差距会随着城市偏向政策实施而拉大,而政府干预程度越高,其更有实施偏向性政策的能力。但上述结论仅仅是根据各变量之间的散点图和趋势拟合线进行的初步判断,各干扰因素并未被排除在变量与变量间的联系上,因此在构建计量模型的基础上进行实证分析并证明此初步判断是必要的,也是研究严谨性的客观要求。

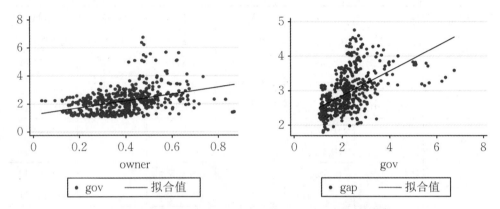

图 8.3 所有制结构、政府干预与城乡收入差距散点图

第四节 内在机制实证分析

一、基准回归结果

由时间序列和截面数据形成的面板数据是本书采用的主要数据形式,为避免各变量存在共同趋势而造成伪回归结果的形成,需要在单位根检验基础上进行各变量间的协整关系检验。在此,在对各变量进行平稳性检验时,主要使用了 PP、ADF 和 LLC 三种方法。结果显示,非一致的检验结果只存在于所有制结构的检验中,单位根原假设存在于其他变量原始序列数据中,不过它们的一阶差分均平稳。可以看出,模型中同阶单整存在于所有变量中,有必要进一步验证协整关系是否存在于各变量线性组合之中。紧接着,本节对变量之间的协整关系进行 Kao 检验和 Pedroni 检验,发现长期稳定的协整关系存在于各变量间,因此可以进行面板数据回归。

(一) 城乡收入差距中所有制结构综合效应

针对式(8.1),在 OLS 回归基础上同时使用工具变量法和广义矩估计三种方法对参数进行估计,以探究城乡收入差距受到的所有制结构变动综合影响,详细回归结果见表 8.2。

表 8.2 所有制结构对城乡收入差距的综合影响

变量	OLS	OLS	IV	IV	GMM	GMM
_cons	2.2927***	3.3727***	2.2194***	3.8109	−0.0553	1.6372***
	(0.0736)	(0.4794)	(0.0752)	(0.4768)	(0.0341)	(0.1757)
owner	1.6167***	0.5011**	1.8277***	0.4967***	0.7982***	0.1204***
	(0.1780)	(0.2382)	(0.1795)	(0.2340)	(0.0408)	(0.0345)
fins		−0.3737***		−0.3763***		−0.0451
		(0.0699)		(0.0677)		(0.0345)
indus		0.6622*		0.7365**		−0.2621*
		(0.3561)		(0.3435)		(0.1563)
open		−0.6705***		−0.6287***		−0.0018
		(0.0752)		(0.0722)		(0.0348)
pergdp		−0.0742		−.00608		−0.1472***
		(0.0601)		(0.0591)		(0.0189)
edu		−0.0867		−0.2104***		−0.1009***
		(0.0548)		(0.0562)		(0.0313)
个体效应	控制	控制	控制	控制	控制	控制
时间效应	控制	控制	控制	控制	控制	控制
R2	0.1398	0.3070	0.1782	0.3787		
AR(2)					0.4438	0.4486
Sargan 检验					0.9408	0.8940

注:括号内为标准误值,***、**、*分别表示1%、5%、10%显著性水平。

表 8.2 表明,不论单独对核心解释变量进行回归,还是加入控制变量后进行再次回归,城乡收入差距始终受到所有制结构变动的正向影响,并且结果稳健。这说明城乡收入差距的缩小会受到国有经济在国民经济中占比情况的限制。同时,虽然被解释变量均为城乡收入差距,但是部分解释变量在不同的回

归模型中系数存在一定差异性,这从侧面反映了各回归方程中存在部分内生性及异方差问题。也就是说,偏误性普遍存在于单一估计方法中,因此多方法交叉验证是保证结果可靠的必要途径。

对于本章回归来说,古典均值法作为基准回归,而工具变量和 GMM 方法则更为可靠。在控制变量方面,金融规模系数与预期一致,即金融规模扩大可显著抑制城乡收入差距。不同于之前的预期判断,对外开放对城乡收入差距的影响为负向关系。原因可能在于,虽然城镇地区贸易产业更为发达,但低技术劳动力随着贸易扩张产生了更大的市场需求,城镇和农村居民收入在贸易发展中得以同时提升,并且后者大于前者,一定程度上抑制了城乡收入差距进一步扩大的趋势。

城乡收入差距受到工业化发展和人力资本积累的负向影响,与计量前的预期相一致。此外,城乡收入差距明显受到经济发展水平的负向影响,表明目前阶段城乡收入差距已经随着经济发展水平的提升而下降,这说明了更为发达的区域,其劳动力、资本等生产要素的流动性变强,市场规律作用的范围更大、程度更深,一定程度上促进了农村地区收入向城镇地区靠近,逐渐缩小是二者之间的未来趋势。

(二) 所有制结构影响城乡收入差距的间接效应

上述分析阐述的是城乡收入差距受到所有制结构的综合影响,包括间接效应和直接效应,但二者并未直接体现出来。紧接着,对模型(8.2)和模型(8.3)进行参数估计,以验证城乡收入差距是否受到所有制结构间接影响,即中介作用是否由经济增长、城市化进程以及政府干预体现出来。表 8.3 报告了经济增长、城市化率和政府干预受到所有制结构的影响程度,表 8.4 报告了城乡收入差距受到经济增长、城市化率和政府干预的影响程度。由表 8.3 的面板 A 可知,当期 GDP 增长速度受到所有制结构变动的负向影响在是否加入控制变量的情况下均成立,在 1% 显著性水平下也可以通过检验。回归系数充分说明,所有制结构对当期经济增长的影响是稳健的,即地区经济快速增长在国有经济占比提升的情况下会受到抑制。在控制变量方面,经济增长速度会受到金融规模、工业化、对外开放和人力资本积累的显著正向作用,而经济发展程度越高的地方其地区经济进一步增长的速度会放缓。进一步,城镇化受到所有制结构变动的负向影响在是否加入控制变量的情况下也都是成立的,换言之,提升国有经济在整个国民经济中的比例不利于增加城镇地区对低技术水平劳动力的市场需求，从而一定程度上抑制了城市化进程。对于控制变量而言，金融规模、工业化、对外开放经济发展水平和人力资本均对城市化存在显著的正向作用。最后，从表8.3的面板C可以发现，所有制结构对政府干预程度的影响显著为正，且这一结论在不同估计方法下均成立。换言之，提升国有经济在整个国民经济中的比例会使政府更有能力通过财政等行政手段去干预市场经济，并进行一定程度上的资源重新分配。对于控制变量而言，金融规模、工业化、对外开放经济发展水平可以一定程度上减弱政府干预的强度，但是人力资本的发展会对政府干预经济产生促进作用。

表8.3 所有制结构对经济增长、城市化和政府干预的影响

变量	面板 A 所有制与经济增长		面板 B 所有制与城市化		面板 C 所有制与政府干预	
	GMM	GMM	GMM	GMM	GMM	GMM
_cons	1.4711***	11.5234***	0.0301***	−0.0767***	−0.0137***	−0.4135**
	(.1648)	(1.5537)	(0.0008)	(0.0099)	(0.0220)	(0.2036)
owner	−12.0003***	−8.0489***	−0.0348***	−0.0130***	0.8438***	1.5441***
	(0.6909)	(1.2820)	(0.0018)	(0.0042)	(0.0212)	(0.1389)
fins		1.5908***		0.0088***		−0.1607***
		(0.4053)		(0.0015)		(0.0430)
indus		21.6317***		0.0666***		−0.8677***
		(2.4689)		(0.0146)		(0.3071)
open		2.1128***		0.0317***		−0.3896***
		(0.5881)		(0.0016)		(0.1068)
pergdp		−3.1584***		0.0196***		−0.0101
		(0.2648)		(0.0007)		(0.0318)
edu		2.4608***		0.0210***		0.2272***
		(0.4041)		(0.0018)		(0.0282)
个体效应	控制	控制	控制	控制	控制	控制
时间效应	控制	控制	控制	控制	控制	控制
AR(2)	0.1802	0.2740	0.5106	0.3140	0.2860	0.7964
Sargan 检验	0.2779	0.8952	0.8442	0.8550	0.8002	0.8981

注：括号内为标准误值，***、**、*分别表示1%、5%、10%显著性水平。

表8.4 经济增长、城市化和政府干预对城乡收入差距的影响

变量	面板 A 经济增长与城乡收入差距		面板 B 城市化与城乡收入差距		面板 C 政府干预与城乡收入差距	
	GMM	GMM	GMM	GMM	GMM	GMM
_cons	0.0509*** (0.0047)	1.5319*** (0.0702)	0.9190*** (0.0400)	1.6264*** (0.2022)	0.4044*** (0.0214)	1.7725*** (0.1832)
gdprate	−0.0046*** (0.0004)	−0.0112*** (0.0019)				
urban			−0.9086*** (0.0257)	−0.2370** (0.1195)		
gov					0.0286*** (0.0042)	0.0320*** (0.0083)
fins		0.0590*** (0.0096)		−0.0424 (0.0331)		−0.0539 (0.0360)
indus		−0.0865 (0.1082)		−0.1893 (0.1201)		−0.2748 (0.2596)
open		0.1698*** (0.0403)		0.0312 (0.0322)		0.0296 (0.0337)
pergdp		−0.2123*** (0.0130)		−0.1356*** (0.0199)		−0.1502*** (0.0267)
edu		−0.1307*** (0.0202)		−0.1051*** (0.0269)		−0.0883** (0.0345)
个体效应	控制	控制	控制	控制	控制	控制
时间效应	控制	控制	控制	控制	控制	控制
AR(2)	0.8084	0.1813	0.6566	0.6389	0.4498	0.4552
Sargan 检验	0.7964	0.8151	0.8307	0.8081	0.8471	0.8033

注:括号内为标准误值,***、**、*分别表示1%、5%、10%显著性水平。

由表 8.4 中的多种估计结果可以看出,城乡收入差距受到经济增长和城市化显著的负向影响,但是政府干预程度对城乡收入差距的影响却显著为正。

将表 8.4 与表 8.3 的估计结果相结合,进一步验证了前一节提出的假说。不难发现,将回归系数的均值进行对比,城乡收入差距受到城市化进程的缩小效应更为明显,作用强度是经济增长的 21.16 倍左右。另外,政府干预对城乡收入差距的拉大效应强于经济增长的缩小效应,但是弱于城镇化的缩小效应。

(三) 经济增长和城市化的中介效应检验

为检验城乡收入差距受到所有制影响的传导机制中,经济增长、城市化与政府干预是否为完全中介变量,回归方程式(8.4)不仅包括所有制结构变量,还分别包括了经济增长、城市化率以及政府干预变量,在此基础上利用 GMM 方法进行参数估计,表 8.5 显示了计量具体回归结果。明显发现,在回归模型中同时纳入所有制结构变量后,经济增长和城市化在 1% 的显著性水平上负向影响了城乡收入差距。政府干预对城乡收入差距的影响依旧为正,且通过 10% 的显著性水平检验。

特别地,所有制结构与城乡收入差距之间仍存在显著的正相关关系,但略大于表 8.2 中的变量系数。因此可以得出,城乡收入差距受到所有制结构变动显著为正的直接影响,部分中介变量为经济增长、城市化和政府干预,理论假说得到验证。

二、稳健性检验

(一) 再构造样本

结构性突变可能会由于经济社会中的宏观政策变动、突发事件爆发等外部冲击而产生于各变量间的相互关系之中。例如,席卷全球的金融危机,邻近国的政治变动都会影响经济社会中相关变量间关联度的稳定性。由于所有制结构与城乡收入差距的长期关系是本书重点研究对象,为进行稳健性检验使得上述结果更为可信,本章进一步对相关数据进行 5 年的滑动平均处理,以平滑相关数据结构性突变造成的所有制结构对城乡收入差距影响的波动性。

表 8.5 经济增长、城市化和政府干预的中介效应检验结果

变量	面板 A 经济增长与城乡收入差距		面板 B 城市化与城乡收入差距		面板 C 政府干预与城乡收入差距	
	GMM	GMM	GMM	GMM	GMM	GMM
_cons	0.0331*** (0.0118)	1.4250*** (0.0670)	0.6915*** (0.0363)	1.5239*** (0.2469)	−0.0459** (0.0191)	1.6751*** (0.1861)
owner	0.2461*** (0.0464)	0.1417* (0.0730)	0.2036*** (0.0259)	0.2131*** (0.0340)	0.8207*** (0.0427)	0.0716* (0.0384)
gdprate	−0.0027** (0.0011)	−0.0098*** (0.0013)				
urban			−0.7110*** (0.0292)	−0.5720*** (0.1219)		
gov					0.0201*** (0.0074)	0.0250* (0.0131)
fins		0.0201 (0.0230)		−0.1271*** (0.0288)		−0.0510 (0.0371)
indus		0.1705 (0.1230)		−0.7663*** (0.1584)		−0.2875 (0.2414)
open		0.1731*** (0.0265)		0.0752*** (0.0179)		0.0271 (0.0327)
pergdp		−0.1473*** (0.0046)		−0.1274*** (0.0368)		−0.1457*** (0.0256)
edu		−0.1124*** (0.0102)		0.0172 (0.0163)		−0.9375*** (0.3342)
个体效应	控制	控制	控制	控制	控制	控制
时间效应	控制	控制	控制	控制	控制	控制
AR(2)	0.9788	0.1965	0.6298	0.6169	0.4305	0.4574
Sargan 检验	0.8495	0.8052	0.8457	0.8847	0.8356	0.8157

注:括号内为标准误值,***、**、*分别表示1%、5%、10%显著性水平。

样本再构造得出的结果与表8.3~表8.5的估计一致，所有制结构对城乡收入差距的综合影响显著为正。而且GDP增长速度和城市化水平被所有制结构显著负向影响，政府干预程度被所有制结构显著正向促进，且城乡收入差距因GDP增速提升和城市化进程加快而得到一定程度的抑制，却因政府干预经济行为程度的加深而得到加强。当将经济增速、城市化与所有制结构分别纳入同一模型时，后三个变量的系数仍显著为负，且相较于表8.2，所有制结构变量系数更大。当在同一模型中包含政府干预与所有制结构时，前者系数仍显著为负，且相较于表8.2，所有制结构变量系数更小。这些结果充分表明，直接影响和间接影响明显存在于城乡收入差距的所有制效应中。其中，经济增长、城市化以及政府干预非城乡收入差距的根源因素，只是承担了中介变量职能。特别地，从中介效应强弱来看，城镇化的抑制作用更为明显，其次是政府干预的推动作用，最后是经济增长的抑制作用。

（二）收入差距的另一种度量：泰尔指数

区别于城乡人均收入比，借鉴欧阳志刚（2014）的做法，对城乡收入差距所有制效应传导机制进行实证检验研究时，本章还采用泰尔指数作为城乡收入差距的代理变量。具体采用30个省级行政区域（西藏和港澳台地区除外）1999~2016年的面板数据，分别从整体层面、西部、中部和东部地区四个切入点验证上述结论的可靠性。在整体层面，居民收入泰尔指数显著被以国有经济占比衡量的所有制结构变动正向推进；同时在回归系数方面，经济增长和城市化显著为负，而政府干预显著为正。分区域后，区域差异性显著存在于所有制结构的直接效应中。考虑经济增长后，东中部地区所有制结构及经济增长变量系数显著，但二者在西部地区影响不明显；当考虑城市化时，西部地区所有制结构变量影响不显著，东中部地区系数显著为正，但城镇化变量系数在三个地区均显著为负。当考虑政府干预时，西部地区政府干预对城乡收入差距的推动作用更为明显。这些结果充分表明，所有制结构对整体居民收入不平等存在直接的缓解效应，且传导机制中城市化的中介作用要强于政府干预和经济增长，分区域来看也支持整体回归的结论。

三、传导机制的路径分析

综上可知，提升国有经济在国民经济中的比重对城乡收入差距扩大有直接

第八章
所有制基础影响城乡收入差距的作用机制分析

作用,且通过抑制城市化进程和经济增长潜力以及强化政府对经济行为干预力度对城乡收入差距扩大产生间接作用。

首先,直接的正向影响存在于所有制结构对城乡收入差距的内在作用中,相较于城镇居民,农村居民更难进入国有及国有控股企业获取较高的经济报酬,国有经济比重上升会造成高收入群体内农村居民比例下降,城镇居民比例上升,直接造成城乡收入差距扩大。其次,经济发展中农村居民利益均沾实现的重要手段"涓滴效应"也因国有经济占比提高而受到一定阻碍,并且城市化进程明显受到所有制结构的负向影响,市场中低技术水平劳动力需求比例因国有经济占比提升而下降,从而抑制了城镇地区吸纳农村剩余劳动的能力,收入的相对提升对于农村居民而言成为幻想,城乡收入差距问题自然会倾向于恶化。最后,以国有经济占比来衡量的所有制结构水平提升,使得政府进行经济干预的手段更为强大,在现阶段,多以经济增长来衡量业绩,政府有更加强大的动机去实施偏向于城市的非均衡发展策略,如果其政策执行工具变强,那么城乡收入差距的拉大问题就会更加严重。

综上可知,所有制结构对城乡收入差距的影响包括直接影响和间接影响,且经济增长、城市化以及政府干预是三条核心传导机制。因此,以"市场主导型"的经济改革策略为导向,逐步放开各种行业的限制,开放民营资本向通信、金融等重要行业的准入权,加大非国有经济在国民经济中的比重,城乡收入差距持续扩大的趋势将会被放缓甚至扭转过来。需要注意的是,城乡收入差距随着城市化和经济增长呈下降趋势似乎有悖常理,但是需要明白,存在诸多因素共同影响城乡收入差距,而在经济快速增长和城镇化有序推进的同时,城乡收入差距被其他因素拉大的事实可能会掩盖二者对收入差距的真实作用方向。正如相关学者指出社会和经济政策偏向于城市的普遍行为是造成城乡收入差距拉大的重要原因,而这些偏向政策不仅包括税费负担合理性欠缺、农副产品价格管制、社会保障和社会福利政策歧视性以及劳动力市场分割,更重要的是教育投入的偏向性使得穷者愈穷,阶层固化严重。这些引致城乡间差距扩大的因素多数情况下未在计量模型中得到控制。也就是说,如果可以减少偏向城市的相关政策,那么城市化和经济发展可以有效降低城乡收入差距的拉大。在政策含义方面,本章实证结果也说明,尽管城乡收入差距会随着市场化导向的所有制改革得到减轻,但根本上解决收入差距扩大问题的关键是减少城市偏向性政策,重视区域均衡发展策略,并将其提到更加重要的地位。

本 章 小 结

对于我国现阶段来说,有一个艰巨的挑战就是收入分配伴随高速增长的经济发展状况而持续恶化。深刻理解认知城乡收入差距与所有制结构间的联系,不仅是国民经济体系改革需要考虑的事情,也更关系到贫困人口如何获取经济增长红利而非被排斥在改革成果分享之外,也是国家为实现脱贫战略所需要面对的问题,然而现有文献多数忽略了对这一问题的深入探讨。本章节试图以经济增长、城市化和政府干预三个层面作为切入点,详细阐释所有制结构影响城乡收入差距的传导机制,并基于宏观数据进行假说的检验。

理论上城乡收入差距会受到所有制结构变动的直接和间接双重影响。第一,资源配置受到所有制结构影响,农村居民进入较高层次行业并期待获得高收入的能力会因为所有制结构变动产生改变,进而直接引致城乡收入差距的波动。第二,所有制结构通过作用于经济增长、城市化以及政府干预从而对城乡收入差距产生间接影响。首先,若所有制结构中国有经济占比过高,那么社会闲散资金聚集可能会受到抑制,风险管理可能易于忽视,公司治理效率和资本投资效率可能会降低,"涓滴效应"因此遭到减弱,城乡收入差距面临扩大的风险;其次,城市化进程因过高的国有经济占比而受到发展制约,进展缓速,城镇容纳农村转移劳动力的能力到达瓶颈,因此引致两地区收入差距拉大;最后,国有国企是政府实施偏向性政策的有效工具,国有经济占比越高,政府对经济的干预就会越强烈,市场在资源配置中的基础性作用就会被扭曲,也使得城乡收入差距拉大。

在理论分析基础上,结合我国发展现状提出待检验的系列研究假说,进而构建了考察所有制结构影响城乡收入差距的传导机制分析框架。随后,利用1999~2016年省际面板数据,以国有及国有控股工业企业固定资产投资在所有工业企业固定资产投资中的比重作为所有制结构的度量指标进行了实证分析。整体来看,提升国有经济所占比例不利于降低城乡收入差距,所有制结构对城乡收入差距的综合影响显著为正。一方面,较高收入的城镇就业岗位是排斥农村居民进入的,因此国有经济占比提高会直接扩大城乡之间的收入差距。另一方面,所有制结构显著负向影响了经济增长和城市化进程,但正向影响政府干预程度,而经济增长和城市化进程负向影响城乡收入差距,政府干预程度却正向影响城乡收入差距,即经济增长和城市化进程因国有经济占比提升而受到了抑制,政府对市场经济的干预程度却因之而得到了加强,因此所有制结构变动对城乡收入差距产生间接的正向影响。其中,城市化的中介作用要强于政府干预和经济增长。可以说,城乡收入差距持续扩大的根本原因不可归结为经济增长、城市化和政府干预,所有制经济结构在当前阶段的合理性欠缺才是其关键原因。改革需要从经济的所有制特征入手,以达到加速城市化进程的同时实现经济增长速度稳定,并限制政府干预经济运行的范围和力度,才可有效降低城乡收入差距。

从本章实证结果可明显看出,提升非国有经济在国民经济的比重,是遏制城乡收入差距扩大的有效手段。内部机制为:非国有经济快速发展有利于区域经济增长速度的进一步提升及城市化速度的加快,并且有利于政府减弱行政干预对市场经济造成的资源配置扭曲,这些均使得在经济发展过程中,劳动力和资本可以在城乡之间形成有效的自由流动,从而缩小城乡收入差距。

第九章 结论与政策建议

第一节 结 论

本书通过理论推导并实证检验了所有制结构的变动对城乡收入差距变动的影响方向以及其内在机制,并且利用基准计量、门限回归、收敛性分析及中介效应法详细分析了二者之间的关系,得出如下结论。

从理论推导可以看出,为了在当时的经济基础下,获得更大的增长速度,城乡财富"剪刀差"是政府重要的经济策略,但是国有投资的强势仅仅是"权宜之计"。现阶段,我国对农村财富和农业生产的政策已经从"掠夺"转变为"补贴",一方面,财富"剪刀差"随着精准扶贫正在逆转;另一方面,国有投资比重随着"供给侧"改革正在下降,城市(工业)养活农村地区(农业)的情况已经出现。政府若能更加注重非公经济的发展,只要农村资本可以持续进入城市,并通过资本回报分享城市的经济增长,那么城乡收入差距必将减小。

本书依据1999~2016年时间段30个省级行政区域(西藏和港澳台地区除外)的面板数据,建立测量实证模型,分析了两种模型之间的关系。回归结果显示,以国有经济固定资产投资占比衡量的国有经济在国民经济中的比重降低有利于实现城乡收入差距的缩小,并且将国有企业的工业总产值占比情况来作为上述指标的替代变量时,也得出相同的结论,基于工具变量法以及安慰剂法的检验,进一步验证了结果的稳健性。可以说,不论是使用所有制的替代变量,还是克服内生性的工具变量检验,亦或是使用个体私营经济进行安慰剂检验,均证实了上述结论的正确性。此外,本书还考察了经济发展的不同层次,所有制结构的变动是否对城乡收入差距的影响有所差异。基于此,本书通过构建 Hansen 面板门限回归模型,将城乡收入差距作为因变量,所有制结构作为核心解释变量,经济发展水平作为阈值变量,对上述问题进行了深入探讨,最终发现在经济发展水平处于较低阶段时,国有经济占比的提高在一定程度上可以抑制城乡收入差距,但是当经济发展水平超过一定程度时,国有经济占比的提升会导致城乡收入的拉大,并且基于门限值的确定,对省份进行了阶段划分。我们发现 1999 年伊始,国有经济占比会对城乡收入差距产生一定的抑制作用,但是 2005 年之后,国有经济占比的提升对城乡收入差距的拉大就是普遍存在的现象了。

通过对 β 收敛模型进行改进,考察了区域所有制结构收敛性与城乡收入差距收敛性,并在此基础上进一步分析了城乡收入差距随所有制结构变化的收敛或发散,发现城乡收入差距呈现逐渐缩小的趋势,并且区域间的城乡收入差距是趋于收敛的,且所有制方面,国有经济占比情况也是逐渐缩小的,且总体呈现收敛趋势,另外,国有经济占比呈现缩小的收敛状况会明显促进城乡收入差距的缩小。因此通过所有制结构变动与城乡收入差距收敛性关系研究,也进一步证实了在第八章中对于所有制结构变动与城乡收入差距之间相关关系的判断。

基于经济增长、城市化和政府干预的三重视角,旨在探究对城乡收入差异所有权结构转移机制中的影响因素:一是资本的结构对资源的配置有影响,致使农村居民对进入较高层次行业并获得可以期待的较高收入的能力发生改变,进而直接影响了城乡收入之间的差异;二是财产结构所产生的间接影响,以影响经济上升、城市化推进以及政府干预力度等方式进而影响城乡收入差异。计量分析指出所有制结构对经济增长和城市化造成了很大的影响,而经济增长和城市化对城市和农村地区之间的收入差距的影响是显而易见的。所有制结构抑制经济增长,妨碍城市化进程,加剧了城乡收入差距,政府对市场经济的干预也在一定程度上扩大了城乡收入差距。除此之外,城市化的中介作用比政府干预和经济增长更为重要。

第二节 政策建议

一、深入实施就业优先战略

落实就业优先,是推进分配制度改革的一个重要措施。针对我国的情况,学者们长期以来均坚持必须让扩大就业在经济和社会发展中发挥更大的作用,必须执行"就业优先"战略。一些学者还明确表示,宏观经济增长是由"就业第一"原则驱动的,其次才是"稳定物价"。党的十八届三中全会提出,为了使发展成果更加公平合理,需要进一步改善促进就业的体制机制。保障广大群众的就业权利,不仅是获得高质量就业的内在需要,还是提高经济效率和促进社会正义的重要基础。

(一)健全经济发展与就业增长之间的联动机制

继续推行更积极的就业多元化政策,应当在促进就业方面做更加突出的工作,经济活动的基本目标就是发展经济和保障就业。经济发展的理论和实践表明,经济发展与就业间有此增彼涨的正向关联关系。我国 GDP 每增长 1%将创造约 100 万个新的城市就业机会。制定未来整体经济社会发展规划,需要着重提升就业规模。可以通过多种经济结构的调整,如增加现代服务业比例、维持现有工业就业比例、着重发展新兴产业、促进民营经济发展、优化产业结构等,为就业提供更为良好的环境与外部机会,改善政府促进就业的问责和协调机制,明确政府促进就业的责任。在加强国家对劳动者资源配置宏观调控的同时,推进企业社会管理职能的有效实施。深化登记制度改革,推进城市化进程,深化城乡劳动调整、提升教育层次,引导和服务城市新劳动力、农村剩余劳动力的城镇化转移和高校毕业生的初次就业。同时,政府可以制定专门的财税优惠政策,支持使用大量进城务工人员的企业。

(二)逐步消除劳动力市场分割现象

劳动力市场分割情况在我国现实中还是相当严重的,劳动力市场供求关系差异性在不同经济部门中也表现明显。引致这种市场分割现象的因素主要有行业垄断、地域差异以及城乡户籍制度等,而且对劳动力限制程度的强弱在不同所有制企业中的差异十分明显,这就造成了劳动力流动性由于所有制的禁锢而大为下降。例如,为了维护某些相关利益,对劳动力性别、地域和户口等加以限制的手段在部分国企或大型企业中根深蒂固,能力匹配的求职者很可能因为上述制约因素而遭到排斥。同时,很多企业在提供工作职位时,倾向于考虑"内部人"接替相关职位,即与现有就职群体有密切关系的人员在求职中先行一步,这就造成了以权谋私、"职钱交易"等现象出现,公平性与公正性在劳动力市场中遭到漠视,劳动力要素的供求关系被扭曲。在企业招工、用工行为中实施经济、法律等多方面调控手段才可以解决这一问题。加快人事制度及户籍管理制度改革步伐势在必行,劳动者地域、户籍及性别等限制需要逐步放开。此外,应通过制定相关法律法规等方式制止不正之风在某些企业招录职工过程中的蔓延趋势,尤其是国有企业更要加强监督,这样劳动力市场才能恢复竞争公平、统一高效的良好局面。

(三)提供更好的政府服务以释放更多的就业空间

首先,解除对一些知识密集型产业的管制。邮电、交通、文化、教育、体育等行业和部门对知识型高素质人才的需求较大,然而,由于管制和垄断,缺乏竞争压力,引致行业创新能力不足。政府应该放宽政策,限制对这些部门的管控,降低进入壁垒,促进相关行业释放更大的劳动力吸收能力。

其次,进行权力下放,释放市场活力。在我国,中小企业面临着融资困难、社会服务体系薄弱、企业管理不善和信息匮乏等一系列问题。应当在金融、信贷领域放松管制,减少行政审批环节,除此之外,还有必要缓解企业的财政困难,加大财政支持力度,加快企业技术创新和行业结构调整,为中小企业创造公平竞争的外部条件,并确保其健康稳定地发展。只有保障中小型企业的持续发展,才能为增加就业提供必要前提。

最后,完善劳动力市场制度。建立国家统一的劳动力市场,加强市场监管,完善法律法规,保护劳动者权益,努力减少对劳动力市场的外部限制,最大限度地发挥其市场塑造作用,消除不公平竞争,维护劳动力市场的公平正义;深化民事登记制度、社会保障制度、住房制度和公共服务改革,支持农村欠发达地区逐步消除诸如户籍限制、城乡隔离和公民权利不平等一系列旧的体制障碍。

(四)通过产业结构升级扩大就业

实现就业问题的根本还是需要实现经济社会的发展。工业结构的现代化对扩大就业和缩小收入差距产生了积极影响。改善工业结构,使高素质人才脱颖而出,还能提高对优质人才的吸收能力,提高产业附加值。目前,我国大学生面临着就业困难和工作质量差两个主要问题。解决就业难问题和提高就业质量离不开产业结构的调整和升级,高等教育毕业生是新产业发展的基石,是经济转型的新引擎。因此,有必要加快产业转型,加大对传统制造业的政策导向,使一定规模的企业能够开展技术研发活动;通过自主创新,推动传统产业向现代制造业转型升级;积极发展战略性新兴产业、先进制造业和现代服务业;实现知识和经验的有机整合,最大限度地促进学生知识和行业增长的有机融合。

二、加快发展职业教育

2020年全国教育研究大会指出,在中国特色社会主义建设新时代,必须深入贯彻十九大和十九届二中、三中、四中全会精神,认真落实习近平总书记关于教育的重要讲话,按照"五个一体"总体布局和"四个全面"战略布局的总要求,坚持党的全面领导,坚持改革开放,坚持高质量发展,全面贯彻党的教育方针,加快发展职业教育,坚持公平发展原则,注重防范和化解风险,提高教育管理水平,加快教育现代化,建立一个具有强大基础教育和高层次教育的现代化国家。

(一)扩大职业教育规模,提升职业教育质量

随着经济结构的调整,新产业、新业态、新产品不断涌现,对人才的需求也会增加。职业培训是促进就业的重要基础,以高水平职业培训为基础,实现高水平劳动能力是大势所趋。从长期看,我国就业的结构性矛盾越来越明显,迫切需要高质量的职业培训。近年来,职业培训的范围不断扩大,职业培训的质量和水平不断提高。一种由企业、社会参与和政府主导的职业培训模式已经形成,这一模式具有大量的基础培训知识,拥有一批高素质人才队伍,但也有许多问题,如投资不足,教育内容和职位需求不匹配,理论教学和操作培训不衔接等。党的十八届三中全会建议推行"终身职业技能培训制度",为未来确定职业培训制度指明了目标。劳动者在被雇用之前必须接受必要的培训,《中华人民共和国劳动法》(简称《劳动法》)规定,工人有权接受职业技能培训的权利,但没

有明确指出工人接受职业教育的具体范围,所以需要不断完善相关法律,并进一步明确工人接受职业培训的权利。

在当前社会,从职业培训学校中毕业的学生将直接进入社会就业,没有机会继续接受普通高等教育,这使得他们很难通过不断学习和继续教育,改变他们的社会状况。高等职业教育发展不充分,与他们对接受高等教育的需求还有一定差距。另外,职业学校内部培训水平低,工人在就业时难以获得持续的职业培训,也很难获得平等的机会和权利来提高自己的工作能力。

为了突破困境,保护工人的职业教育权利,可以借鉴国际经验,根据现行制度进行创新。首先,我们可以参考德国的做法,明确职业培训中企业的主要位置,强化基本职业培训的雇主责任制度,通过政府监督和合同管理,保障员工职业培训的基本权利。在德国的"双元制"职业教育中,企业承担大部分的培训基金和主要职责,企业的培训时间要比职业学校多一倍甚至更多。学生在企业实习、工作的身份,也不会影响他们未来再次进入普通高校学习的机会。其次,根据英国的经验,可以加强我国职业教育的资金管理,劳动和社会保障部门可以根据行业分类,设立职业培训管理机构,评估企业的职业培训支出,并合理增加企业的职业培训资金扶持。最后,我们可以借鉴美国和日本的经验,建立终身培训的概念,并在我国职业教育体系建立过程中,积极促进企业间、政府和社会间的合作,保证不同类型的职工均有相应的职业培训机会,并形成一整套法律体系,促进职业教育现代化。

(二)缩小城乡人力资本投资差距

人力资本投资额度在我国城乡间差距悬殊,城市地区各级学校学生人均教育经费远远高于农村地区,城乡居民的个体特征、劳动生产率及教育回报率均会由于人力资本投资悬殊而产生明显的区别,城乡间收入差距在这种状况下不可避免地进一步扩大。因此可以看出在城乡间均衡配置教育资源,甚至在一定程度上向农村地区进行教育政策倾斜是必要的。只有人力资本得到有效提升,较高收入的工作岗位才能够向农村迁移者开放。另外,生产技术在城市与农村部门间差异悬殊,教育水平增量在两部门同时增加,会出现农村地区教育回报率增速远低于城市增速的情况,反而不利于城乡收入差距缩小,只有偏向性教育政策在农村地区顺利实施,教育回报率才能在城乡间趋近,收入差距才有可能会缩小。最后,为了加快我国从传统农业向现代农业过渡,进一步重视并加大农村地区人力资本投资也是必由之路。

三、完善收入分配制度

（一）优化所有制结构

财产结构对整个国民经济的运作起着至关重要的作用，它进一步影响了收入结构和城乡人口之间的收入差距。私营企业的发展在一定程度上受到税收补贴、税收压制、所有权歧视、市场分割和要素垄断的阻碍。对于以私营企业为代表的中小型企业来说，它们是吸收大量农村劳动力进入城市的主要手段。只有私营企业发展迅速，以低学历、低技能为典型特征的农村转移劳动力获得更多的非农收入的可能性才会加大，才会抑制城乡收入差距的拉大。要想在经济健康快速发展前提下实现农村居民收入增速更快的提升，就必须坚定不移地进行所有制结构改革与优化。对于国有企业而言，在职工招聘时，要进一步放开户籍、地域等相关方面的限制，实现人力资本流动的相对畅通，突破部分垄断行业的营业限制，逐步开放其对民营企业的行业准入权。另外，进一步扩大市场机制在资源配置中的基础作用，让国有经济及非国有经济公平竞争，实现生产效率的提高。在政策上，应逐步减弱对国有企业过于偏向的政策支持，加大对中小企业的扶植力度。

（二）生产要素按贡献参与分配

在我国，生产要素的分配取决于生产关系中生产力要求的所有权性质。人类社会的生产过程具有社会经济方面，并在特定的生产关系中发挥作用。具体的生产关系和社会经济运作模式决定了经济效益生产的性质和具体的社会因素。我国的社会主义市场经济是由国家控制的，国民经济的共同发展，决定了一切生产要素都以商品的形式存在。生产要素的价值是通过扩散形成的，从这个意义上说，资本生产要素的性质处于这一阶段。目前，国民经济还处于社会主义初级阶段，生产力低下，发展不平衡。不同的生产力水平必然要求不同的所有制经济和所有制管理形式，以适应生产关系的需要。长期实践表明，单一的公有制经济形式不再能满足整个社会生产和生活的需要。此外，私营经济的平行发展已成为经济法的一项客观要求。因此，我国必须建立一个基本的公有制经济体系。作为生产过程的先决条件，不同所有者提供了不同的生产要素，根据不同生产要素的贡献进行财富分配,并在此基础上发展循环市场经济。

(三) 让人民享受更多的资本收益

第一,完善国有资产现有机制体系,保障国民在收益方面能够更为公平公正地享有。2013年十八届三中全会指出,到2020年后,对固有资产进行系统化梳理,现有国有资产收入在公共财政上的比重需上升至30%,在支出方面需要更为关注民生保障方面的投资支出,加速实现国有资产分段式收入比重。同时,可以积极探索国有资产分红全民制等体制。建议成立国有资产的现代化管理企业,实现国有资产的资本化,实现国有资产以及国有投资基金的现代化企业管理模式。

第二,建立健全对公共资源与资产的有偿使用机制,对收益建立全民享有的机制。强化矿产、水、油气等自然资源有限制地开采,构建这类自然资源的统一化平台,活跃更为广泛的市场主体,以公平公正为原则,实现对公共资源的有偿使用。加快资源税制度改革,建立反映市场供求和环境成本的资源税制度,更好地节约资源。

第三,进一步完善落实土地资源的收益分配体系。十八大报告明确指出,对征地制度进行改革,提升农民通过土地增值的收入比例。征地制度的改革应具有严格的范围,并应建立一种公众参与决策的机制,以提高透明度。通过严格限制公共土地使用,可以尽量减少农村集体土地的损失。改革集体收入分配制度和公共土地建设制度,利用市场机制以市场价格购买土地使用权,城乡集体建设用地实行相同的市场规范,以增加农村人口对土地收入的分配。

四、促进农民收入增长

(一) 增加农民家庭经营收入

在农村的一个家庭之中,年收入分为四种:工资收入、家庭经营收入、财产收入和转移收入。21世纪以来,随着党和政府在农村农业方面的倾斜政策措施不断地制定与实施,以及农民在劳动力转移和城镇化过程中大幅度获得除土地经营之外的收入,农民的收入获得了前所未有的提高,且经营性收入在家庭总收入中的比重份额呈现逐渐缩小的态势。这里的经营性收入包括通过以农民家庭为单位进行包括土地资源在内的经营、生产、管理而取得的收入。从结构来看,经营性收入可以划分为第一产业经营性收入、第二产业经营性收入以及第三产业经营性收入。从历史统计数据来看,第一产业经营性收入占比在6成以上。据统计局和农业部统计资料显示,2008~2018年期间,全国农民人均收入中的经营性收入占比份额从2008年的51.2%逐年降低到2018年的17.2%。从这组统计数据中可以发现,我国的农民整体上正在逐渐摆脱完全依赖于经营性收入的情况,尤其是以土地资源进行农业生产为来源的收入,农民收入的结构逐渐趋向更为优化的态势。农民家庭收入水平的高低是农民收入的重要支撑,这一结构模块的收入规模扩大,有助于提升农民整体收入、提高人居基础环境、优化农业结构以及确保粮食安全战略实施。

(二)提高农业科技创新能力

农民收入的提高与粮食产量的提升,归根究底还是需要通过提高农业技术和农业生产效率来实现。从全球的农业种植的人均面积来看,我国仅为全球平均水平的45%左右,如果仅通过增加种植面积的方式来实现农业产出的提升和农业收入的幅度是极为有限的。在全球的农业科技水平对比中我们可以发现,美国等发达国家的农业生产效率和农业科技水平是远远高于我国现有水平的,我国农业科学技术对于农业的整体贡献率在53%左右,而这一数值在发达国家为70%,甚至更高。因此,我国需要从两方面着手推进农业科技水平更快更好的提升。一是对农业科技方面的投入需进一步扩大。在部分发达国家,农业科技方面的投入规模占农业增加值的比重均超过5%,而全球这一指标的平均数值为1%,我国在这方面的指标数值仅有0.2%,远低于发达国家,也远低于全球平均水平,因此存在很大的农业科技投入扩大潜力。这就需要采取积极的国家财政资金投入措施,积极引领社会资本在农业科技发明的投资,实行农业科技投入的可持续性增长制度。稳步推进农业科技的整体水平提升,实现农业科学技术的实践应用与推广,加强农业客户技术服务的系统化水平,着力加强农业科学技术的基础支撑与基础建设,并通过财政资金在市场的导向性作用,引领社会上的民营资本流入到农业科学技术的建设中。二是组织对农民的技术教育与培训。农业科学技术在推广与应用的过程中离不开教授农民使用新机器和设备的基础教育和培训,以及科学合理种植的技术性知识。随着农业科学技术的不断更新与应用,国家和社会对农业科学技术方面的投入加大,体现在农业科学技术项目的新设立、结果验收等各方面,注重农业科学技术在教育知识水平较为低下的农民群体的教育与培训方案,使农业科学技术的研发、应用等环节得以实现顺利对接,防止出现技术研发与技术应用的脱钩等问题,提高农业科学技术对农业部门生产效率的切实影响。

(三)完善农村生产经营基础设施建设

一个地区经济发展的关键就是需要有良好的基础设施作为支撑。在发展经济学中,基础设施被称为经济发展的"主要社会资本"。经济体内部会因良好的基础设施的存在而快速实现劳动分工和专业化,另外交易活动借助基础设施实现成本降低,交易效率大幅度提高,这是基础设施促进经济发展的内在逻辑。我国农村地区基础设施长期以来主要由地方政府(多为镇级、村级)提供财力物力进行修建。地方人民公社是计划经济时期这一任务的主要承担者,这一时期,"政社合一"的基本组织制度使大量的财政、人力和物力资源能够集中于村庄一级并建造各种基础设施,例如小学、小型水坝、农村道路、农田灌溉渠道和村庄集会厅。这些存续的基础设施在农村实施承包经营权改革后发挥了极为重要的作用,使得 20 世纪 70 年代末农业得以快速发展(肖卫等,2010)[151]。市场化改革之后,乡镇和村级政府成为基建的主要承担者,"两工"结合、村提留乡统筹成为提供公共物品的主要支持方式,然而基层政府开支随着机构过度膨胀而急剧增加,日常运转已经耗费了基层行政组织仅有的财政收入,已经无力支付基础设施建设费用,农村基建工程处于长时间停滞状态,早期公社时期的道路、水利、学校等设施因得不到维护而趋于破败。

十六届五中全会强调了完成社会主义新农村建设是党和国家的重要历史任务,此后农村基础设施建设问题再次得到重视,公共服务和基建在各方面取得了较大成效,典型代表就是村村通工程的大力实施。然而,"重工业轻农业"的理念深深植根于政府的工作中,而且农村地区发展在政府绩效考核体系中所占权重也不大,各项"惠农"政策并未受到地方政府积极响应。公共物品供给在农村,尤其是中西部农村严重不足,不仅未能满足日常生活,甚至连满足农业生产的标准也达不到。因此,如何利用市场机制,在农村公共产品的供应中引入私人资本和社会力量是目前需要考虑的问题,另外城乡统筹的基础设施供给机制需要建立起来,进一步满足农村居民的生产生活需要(王永縈,2013)[152]。以国家地方财政投入为主,以社会力量投资为辅,是未来解决农村地区基础设施建设的合理路径。

（四）大力发展农业社会化服务体系

为了提高农民收入，对农业农村的服务制度体系进行完善是一项具有重要意义的保障措施。在经历数年的发展后，我国已经逐渐建立了基于家庭承包经营、以合作型主体为核心、公共与经营服务兼具的农业社会服务制度体系。但也要注意到，我国农业在现代化、机械化等发展趋势下，以及土地流转和市场化的背景下，农业社会服务制度逐渐无法完全满足市场化需求，必须进行完善与健全，主要包括以下三方面：首先，进行分类和区别化指导，丰富现有的农业社会服务参与主体和组织，对具有公共特性的服务机构进行进一步加强；其次，推进服务制度中的金融体系的建设。农村金融服务体系在农村地区之中的地位一直处于没有完全发挥作用的地位，通过推进金融服务的体系建设，有助于实现农业生产经营的积极性的提高和生产组织流动资金缺乏的解决，并最终实现农民收入水平的提高；最后，积极培育地区化的农业龙头企业，通过政策引导、宣传推广等方式，引导社会资本尤其是农业工商企业深入到乡村建立产地加工厂，并与农民签订采购与收益的长期合同，形成利益共享的良性循环制度体系。

五、赋予农民更多财产权利

农村农民的收入结构是由四种不同的收入来源组成的，分别是营业收入、转移收入、工资收入和财产性收入。财产性收入作为农民收入来源的种类之一，是指通过农民家庭的流动资产和固定资产所取得的资金收入。如存在银行等金融机构之中的活期或定期储蓄、基金或股票等有价证券的流动资产以及房产、土地和机动车等固定资产，这些资产将会为农民家庭带来诸如储蓄利息、房屋租金、财富增值等收入。现阶段据我国国家统计局的相关统计数据资料显示，土地收入占农民收入的比例仍然相对较低，有很大的改善空间。因此，增加农民的财产收入是增加农民收入的重要手段，需要采取多种措施，其中就需要为农村农民的各种财产赋予法律权利，为农民提高财产规模，进而实现财产性收入水平的提高，最终实现农村农民收入整体水平的提升，并逐渐拉近与城市居民之间的收入水平。

（一）财产权利不平等是城乡不平等的突出表现之一

现阶段，城市与乡村之间的差距和不平等的重要现象是：农民与城市居民在财产的法律权利方面存在不完全平等的现状。如在城市之中居民所购买的房产拥有非常完整的产权,既可以居住使用,也可以用其进行资金担保、抵押和自由交易,相对比而言,农村中由农民自主出资建立的农村宅基地房产则不具有完整的房产产权,无法对其进行资金担保或者抵押,也无法对集体经济组织之外的人员进行交易买卖。在城市区域之中,城市居民可以拥有多处房产,房产所有者可以通过房产交易或融资贷款进而取得房产这一财产所带来的资产收入。房产的自由交易制度也相对完善,相对比而言,农村中的农民则在这一方面具有严格的制约,如"一户一宅",且对于集体所有的土地上也限制进行商品房的开发与交易,对于合法取得农村土地的企事业单位被允许进行房产的抵押贷款等金融活动,而农民所有的房产则仍然有较大的限制与制约。农民对于这种具有集体所有权的资产的处置权利是缺乏的,在这类财产的权利行使方面也具有较大的制约。

农民家庭中的财产权利的不完整性,对于农民的收入尤其是财产性收入产生了极大的约束,也限制了农民家庭在金融信用、财产增值和财产流动等社会体系中的主体地位,在一定程度上造成了城镇与农村之间的区域差距和不平等,对实现城乡一体化的战略目标起到阻碍的作用。赋予农民在财产方面的法律权利,其中最核心的就是对农民具有农业经营生产、家庭居住的土地资源的权利,例如,农民开发生产性土地的权利,宅基地土地资源的使用权利以及集体拥有的土地资源的财产收入分配权利。诸如此类的对于农民财产进行权利赋予和界线明晰,将有助于从根源上解决农民财产性收入来源问题,维护农民取得财产性收入的合法权益,切实提高农民家庭收入中的财产性收入水平。

(二)保护农民在承包地上的各项权利

党的十八届三中全会明确指出:从法律等多方面赋予农民群体对于土地多样化(直接农业生产、转让、承包等)的权利,并让农民在产业化农业阶段以承包经营的方式入股参股;逐步建立并推广土地承包经营权利的流转平台,鼓励农业经营专业户、农业经营大户、农业合作社、涉农企业等多类型市场主体参与到平台运营中来,实现农业的多模式化规模经营。这一新提出的农业产业经营模式是具有历史创新特性的,也是在农业产业经营方面的重大突破。在2014年举行的中央农村工作会议中再次强调了农业经营权等权利在内的重要性,并促进其具体落实,确保集体财产的基本权利和农民承包土地的权利制度,对土地产业化经营的权利进行灵活处置。至此,农村土地的承包经营权逐渐进行细分,明确了土地的承包权利、土地的经营权利。在这一观点和意见中,保障集体所有的所有权制度,预防了土地出现大规模兼并和大规模交易买卖的情况,确保了农民拥有的土地承包权利,为农民取得土地资源的承包与转包过程中的收益权利,即维护了农民的土地财产性收入,也使得土地流转得以较好的落实。灵活处置土地产业化经营的权利则有利于包括农业合作社、农业生产经营大户以及农业生产经营公司实现规模化产业经营的模式,并通过规模化经营缩减单位成本,最终实现产业经营的经济效益的提高,也将促进农业产出的效率提高,其具有非凡的实践意义。

  据国家统计数据显示,到 2018 年,我国进城务工这一群体的数量规模已经达到 2.88 亿,占全国总人口的 20.63%。如此庞大的人群规模,必然导致大量的闲置和可供流转的农村土地资源,从乡村的实际情况来看,这些原为农民的进城务工群体在农村的土地大多是农忙时节统一耕种或交由仍留在乡村之中的亲朋好友代为耕种。这些常见的方式依然存在较大的不利之处,其中较为明显的有两处:一是这种对于土地资源的利用方式依然是相对粗放式的农业生产经营模式,不具备规模化生产经营效益,单位土地经济效益不理想,也正因为如此,出现了土地被放弃耕种的情况;二是进城务工人员的工作区域尽管大多处于城镇地区,但由于大多数进城务工人员仍然不具备专业技能知识,仅能从事少数建筑业和服务业,工作的稳定性无法保证,也从一定程度上影响了工业化和信息化等发展趋势的实现。面对这些困境,可以采取宣传和推广的手段,促使这些进城务工群体将原有的土地承包经营权利进行转让,转让给那些专业种植大户、农村合作社或者企业主体,使得原先分散化的土地资源生产经营模式逐渐转变为规模化生产、统一管理的模式,也使进城务工群体从无法自主耕种的土地取得财产性收入。在多年的实践过程中,那些对土地承包经营权利进行转让的农民群体,所获得的财产性收入往往不低于自主进行农业生产的收入水平,且收入稳定性更高。鉴于此,需要进一步稳固农村土地确权工作的阶段性成果,为施行农村土地流转提供良好的基础条件。对土地承包经营权利的实施流转后,农业的机械化、现代化发展也将有望实现加速,且让农民群体获得更多的财产性收入。

(三) 改革完善农村宅基地制度

在农村地区,有关宅基地的社会和经济问题频有发生,其中主要表现为两大方面:一是农村宅基地的获取难度很大,在城镇化和基础建设的不断推进过程中,建设用地的地区性指标往往十分稀缺,经过许多年往往仍然没有宅基地的分配额度;二是宅基地的退出制度有所欠缺,如农民从乡村到城市地区居住后,农村的宅基地仍然存在,一方面影响房产资源可能取得的财产性收入,另一方面影响在城市之中的户口落地情况。从宅基地的实际情况出发,并结合改革农村土地制度的趋势来看,农村的宅基地现有制度体系有必要进行进一步完善。在2013年举行的十八届三中全会中就曾明晰地提出:对农村宅基地的物权进行保障,对农村的宅基地现有制度体系进一步完善,并提出采取试点改革的方式,稳妥性推进农村房产资源在金融体系中的可抵押、可变现的特点,积极拓展农民财产性收入的获取渠道。这些意见与指导为农民实现房屋的资产化提供了引导化政策支撑,也是农村地区房产和宅基地的历史性突破。此政策有助于实现农民的收入水平,尤其是财产性收入水平,有助于拉近与城市的收入水平差距,同时,这一政策的实施将增加农村住房用地的空置规模,有利于推进城镇化的用地需求,也将促使进城务工群体在城镇地区的居民化趋势。农村宅基地是满足农民的居住基本需求的保障资源,现阶段之中,我国的社会各项保障措施还处于不够完善和健全的状况下,选择部分地区进行试点改革是最有利的推进方式,在稳妥、慎重的基本原则下,积极推进农村房屋的资产化运作,并拓展农民的财产性收入渠道,有利于实现农民的收入结构优化和收入水平的提升,当然,在试点改革取得有利于推广的经验之后,再进行范围的扩大推广显得更为稳妥。

参 考 文 献

[1] 王艺明,蔡翔.财政支出结构与城乡收入差距:基于全国东、中、西部地区省级面板数据的经验分析[J].上海财经大学学报,2010,12(5):73-80.

[2] 罗楚亮.城乡居民收入差距的动态演变1988~2002年[J].财经研究,2006,32(9):104-112.

[3] 万广华.收入分配的度量与分解:一个对于研究方法的评价[J].世界经济文汇,2004(1):64-69.

[4] 万广华.不平等的度量与分解[J].经济学(季刊),2008,8(1):347-368.

[5] 段景辉,陈建宝.基于家庭收入分布的地区基尼系数的测算及其城乡分解[J].世界经济,2010(1):100-122.

[6] 张东辉,孙华臣.中国物价波动与经济增长关系研究:基于城乡居民消费差距视角的分析[J].经济评论,2010(2):16-23.

[7] Fields G S, Yoo G. Falling Labor Income Inequality in Korea's Economic Growth: Patterns and Underlying Causes[J]. Review of Income and Wealth, 2000,46(2):139-159.

[8] Jonathan M, Terry S. Rethinking Inequality Decomposition with Evidence from Rural China[J]. Economic Journal, 2002,112(476):93-106.

[9] Shorrocks F. Decomposition Procedures for Distributional Analysis: A Unified Framework Based on the Shapley Value. Unpublished Manuscript, University of Essex,1999.

[10] 万广华,陆铭,陈钊.全球化与地区间收入差距:来自中国的证据[J].中国社会科学,2005(3):17-26.

[11] 陈钊,万广华,陆铭.行业间不平等:日益重要的城镇收入差距成因:基于回归方程的分解[J].中国社会科学,2010(3):65-76.

[12] 万广华,周章跃,陆迁.中国农村收入不平等:运用农户数据的回归分解[J].中国农村经济,2005(5):4-11.

[13] 赵剑治,陆铭.关系对农村收入差距的贡献及其地区差异:一项基于回归的分解分析[J].经济学(季刊),2009,9(1):363-390.

[14] 田士超,陆铭.教育对地区内收入差距的贡献:来自上海微观数据的考察[J].南方经济,2007(5):12-21.

[15] 钱文荣,姜励卿.农民工性别工资差距的分位数回归分析:基于浙江农民工调查的经验研究[J].财经论丛 2011(3):19-24.

[16] 邓曲恒.城镇居民与流动人口的收入差异:基于 Oaxaca-Blinder 和 Quantile 方法的分解[J].中国人口科学,2007(2):8-16.

[17] 张伟,陶士贵.人力资本与城乡收入差距的实证分析与改善的路径选择[J].中国经济问题,2014(1):70-80.

[18] Diamond P A. National Debt in a Neoclassical Growth Model[J]. American Economic Review, 1965, 55(5):1126-1150.

[19] Knight J, Song L. Increasing urban wage inequality in China: Extent, elements and evaluation[J]. Economics of Transition, 2003, 11(4): 597-619.

[20] 蔡昉.城乡收入差距与制度变革的临界点[J].中国社会科学,2003(5):16-25.

[21] 张克俊.我国城乡居民收入差距的影响因素分析[J].人口与经济,2005(6):52-56.

[22] 刘文忻,陆云航.要素积累、政府政策与我国城乡收入差距[J].经济理论与经济管理,2006(4):13-20.

[23] 孙敬水,黄秋虹.中国城乡居民收入差距主要影响因素及其贡献率研究:基于全国31个省份6937份家庭户问卷调查数据分析[J].经济理论与经济管理,2013(6):5-20.

[24] 靳卫东,高波.收入差距与公共财政政策:人力资本投资差异的形成与演变[J].经济理论与经济管理,2007(1):40-45.

[25] 薛进军,园田正,荒山裕行.中国的教育差距与收入差距:基于深圳市住

户调查的分析[J].中国人口科学,2008(1):19-29.

[26] 陈斌开,张鹏飞,杨汝岱.政府教育投入、人力资本投资与中国城乡收入差距[J].管理世界,2010(1):36-43.

[27] 樊明.消费的生命周期理论及实证经济学方法的反思[J].经济学动态,2002(1):20-25.

[28] 刘国恩,William H. Dow,傅正泓,John Akin.中国的健康人力资本与收入增长[J].经济学(季刊),2004,4(1):101-118.

[29] 高梦滔,姚洋.健康风险冲击对农户收入的影响[J].经济研究,2005(12):15-25.

[30] 杨玉萍.健康的收入效应:基于分位数回归的研究[J].财经科学,2014(4):108-118.

[31] 胡琳琳,胡鞍钢.从不公平到更加公平的卫生发展:中国城乡疾病模式差距分析与建议[J].管理世界,2003(1):78-87.

[32] 冯尚春,白艳.农村公共产品供给不足的个案调查研究:以农村医疗卫生产品供给为例[J].经济纵横,2008(11):105-108.

[33] 吕娜,邹薇.健康人力资本投资与居民收入:基于私人和公共部门健康支出的实证分析[J].中国地质大学学报(社会科学版),2015(1):113-119.

[34] 古利.中国二元经济结构与乡镇企业[J].青海社会科学,1998(5):37-41.

[35] Chan K. Post-Mao China:A Two-Class Urban Society in the Making[J]. International Journal of Urban & Regional Research,1996,20(1):134-150.

[36] Terry S,et al. TheUrban-Rural Gap and Income Inequality in China[J]. Review of Income & Wealth,2007,53(1):93-126.

[37] 万海远,李实.户籍歧视对城乡收入差距的影响[J].经济研究,2013(9):43-55.

[38] 姚先国,赖普清.中国劳资关系的城乡户籍差异[J].经济研究,2004(7):82-90.

[39] 章元,王昊.城市劳动力市场上的户籍歧视与地域歧视:基于人口普查数据的研究[J].管理世界,2011(7):42-51.

[40] 孟凡强,邓保国.劳动力市场户籍歧视与城乡工资差异:基于分位数回归

与分解的分析[J].中国农村经济,2014(6):56-65.

[41] 赵红军,孙楚仁.二元结构、经济转轨与城乡收入差距分化[J].财经研究,2008(3):121-131.

[42] 胡晶晶.二元经济结构与城乡居民收入差距的相关性研究[J].山东社会学,2013(3):35-41.

[43] 田新民,王少国,杨永恒.城乡收入差距变动及其对经济效率的影响[J].经济研究,2009(7):107-118.

[44] 陆铭,陈钊.城市化、城市倾向的经济政策与城乡收入差距[J].经济研究,2004(6):50-58.

[45] 曹裕,陈晓红,马跃如.城市化、城乡收入差距与经济增长:基于我国省级面板数据的实证研究[J].统计研究,2010(3):29-36.

[46] 余长林.财政分权、公共品供给与中国城乡收入差距[J].经济研究,2004(6):50-58.中国经济问题,2011(5):36-45.

[47] 程开明,李金昌.城市偏向、城市化与城乡收入差距的作用机制及动态分析[J].数量经济技术经济研究,2007(7):116-125.

[48] 陈斌开,林毅夫.重工业优先发展战略、城市化和城乡工资差距[J].南开经济研究,2010(1):3-18.

[49] 刘维奇,韩媛媛.城市化与城乡收入差距:基于中国数据的理论与经验研究[J].山西财经大学学报,2013(5):24-33.

[50] 蔡昉,杨涛.城乡收入差距的政治经济学[J].中国社会科学,2000(4):11-22.

[51] 林毅夫,刘培林.中国的经济发展战略与地区收入差距[J].经济研究,2003(3):19-25.

[52] 王建康,谷国锋,姚丽.城市化进程、空间溢出效应与城乡收入差距[J].财经研究,2015(5):55-66.

[53] 姚耀军.金融发展、城市化与城乡收入差距:协整分析及其Granger因果检验[J].中国农村观察,2005(2):2-8.

[54] 陈志刚,王皖君.金融发展与中国的收入分配:1986～2005[J].财贸经济,2009(5):36-41.

[55] 王修华,邱兆祥.农村金融排斥:现实困境与破解对策[J].中央财经大学学报,2010(10):47-52.

[56] 田杰,陶建平.农村金融排除对城乡收入差距的影响[J].中国经济问题,2011(5):56-64.

[57] 谢金楼.农村金融发展对城乡收入差距的影响:机制模拟与实证检验[J].经济问题,2016(2):103-110.

[58] Akai N, Sakata M. Fiscal Decentralization Contributes to Economic Growth: Evidence from State-level Cross-section Data for the United States[J]. Journal of Urban Economics, 2002, 52(1):93-108.

[59] 林毅夫,刘志强.中国的财政分权与经济增长[J].北京大学学报(哲学社会科学版),2000(4):5-17.

[60] 王永钦,张晏,章元,等.中国的大国发展道路:论分权式改革的得失[J].经济研究,2007(1):4-16.

[61] 张军,高远.官员任期、异地交流与经济增长:来自省级经验的证据[J].经济研究,2007(11):91-103.

[62] 陈工,洪礼阳.财政分权对城乡收入差距的影响研究:基于省级面板数据的分析[J].财政研究,2012(8):45-49.

[63] Gordon R H, Wilson J D. Expenditure Competition[J]. NBER Working paper, 2001(8189):1-20.

[64] Wildasin D E. Fiscal Competition: An Introduction[J]. Journal of Public Economic Theory, 2010, 5(2):169-176.

[65] 余长林.财政分权、公共品供给与中国城乡收入差距[J].中国经济问题,2011(5):36-45.

[66] 刘杰.农村文化建设中的问题:需求与供给错位[J].消费经济,2012(4):65-68.

[67] 雷根强,蔡翔.初次分配扭曲、财政支出城市偏向与城乡收入差距[J].数量经济技术经济研究,2012(3):76-89.

[68] Aghion P, Williamson J. Inequality, Growth, and Globalization-Theory, History and Policy[M]. Raffaele Mattioli Memorial Lecture Cambridge University Press, 1999.

[69] Panizza U. Income Inequality and Economic Growth: Evidence from American Data[J]. Journal of Economic Growth, 2002, 7(1):25-41.

[70] Clarke G R G. More Evidence on Income Distribution and Growth[J].

Journal of Development Economics,1995,47(2):403-427.

[71] Galor O,Moav O. From Physical to Human Capital Accumulation: Inequality and the Process of Development[J]. Review of Economic Studies,2004,71(4):1001-1026.

[72] 陈工,陈伟明,陈习定.收入不平等、人力资本积累和经济增长:来自中国的证据[J].财贸经济,2011(2):12-17.

[73] 陈昌兵.收入不均等影响人力资本积累机制及实证分析[J].南开经济研究,2008(4):33-45.

[74] 李子联.农村劳动力转移中的"激励效应"与"抑制效应":兼论劳动投入视角下收入分配的经济增长绩效[J].中国经济问题,2011(1):10-18.

[75] 钞小静,沈坤荣.城乡收入差距、劳动力质量与中国经济增长[J].经济研究,2014(6):30-43.

[76] 王少平,欧阳志刚.中国城乡收入差距对实际经济增长的阈值效应[J].中国社会科学,2008(2):54-66.

[77] 郑海航.完善我国国有控股公司制度[J].经济与管理研究,2005(5):5-10.

[78] 李正图.混合所有制公司制企业的制度选择和制度安排研究[J].上海经济研究,2005(5):19-27.

[79] 白重恩,刘俏,陆洲,宋敏,张俊喜.中国上市公司治理结构的实证研究[J].经济研究,2005(2):81-91.

[80] 石予友.混合所有制企业公司治理[M].北京:经济管理出版社,2010:9-17.

[81] 刘伟,李绍荣,黄桂田,等.北京市经济结构分析[J].中国工业经济,2003(1):23-30.

[82] 刘伟,李绍荣.中国的地区经济结构与平衡发展[J].中国工业经济,2005(4):61-85.

[83] 刘瑞明.所有制结构、增长差异与地区差距:历史因素影响了增长轨迹吗?[J].经济研究,2011(2):16-27.

[84] 姚洋,章奇.中国工业企业技术效率分析[J].经济研究,2001(10):13-28.

[85] 平新乔,范瑛,郝朝艳.中国国有企业代理成本的实证分析[J].经济研

究,2003(11):42-53.

[86] 吴延兵.中国哪种所有制类型企业最具创新性?[J].世界经济,2012(6):3-27.

[87] 吴延兵.国有企业双重效率损失再研究[J].当代经济科学,2015(1):1-10.

[88] Lin J Y,Liu Z. Fiscal Decentralization and Economic Growth in China[J]. Economic Development & Cultural Change,2000,49(1):1-21.

[89] Phillips K L,Shen K. What effect does the size of the state-owned sector have on regional growth in China? [J]. Journal of Asian Economics,2005,15(6):1079-1102.

[90] 黄险峰,李平.国有企业部门规模与经济增长:基于中国各地区的经验研究[J].产业经济评论,2008(6):1-21.

[91] 黄险峰,李平.国有企业效率、产出效应与经济增长:一个分析框架和基于中国各省区的经验研究[J].产业经济评论,2009(3):39-56.

[92] 洪功翔.国有企业存在双重效率损失吗:与刘瑞明、石磊教授商榷[J].经济理论与经济管理,2010(11):24-32.

[93] 田相辉.区域经济增长中的所有制结构效应[J].青岛农业大学学报(社会科学版),2015(3):43-48.

[94] 赵和余,廖信林,吴友群.我国居民收入分配差距成因探讨[J].现代商贸工业,2009(5):10-11.

[95] 周明海,肖文,姚先国.企业异质性、所有制结构与劳动收入份额[J].管理世界,2010(10):24-33.

[96] 郭庆旺,吕冰洋.论要素收入分配对居民收入分配的影响[J].中国社会科学,2012(12):46-62.

[97] 廖信林,朱长根,吴友群.所有制结构变动与居民收入差距:研究综述[J].特区经济,2008(9):21-23.

[98] 李楠.中国所有制结构演变对收入分配的影响[J].经济与管理研究,2007(9):26-30.

[99] 顾严,冯银虎.我国行业收入分配发生两极分化了吗:来自非参数Kernel密度估计的证据[J].经济评论,2008(4):5-13.

[100] 陈琳,葛劲峰.不同所有制部门的代际收入流动性研究[J].当代财经,

2015(2):3-11.

[101] 牟欣欣.代际收入流动性的所有制差异研究[J].当代财经,2017(8):19-25.

[102] 马草原,文雯.垄断、所有制性质对行业收入差距的影响[J].经济管理,2015(11):1-10.

[103] 刘浩,李香菊.垄断、所有制结构与我国行业收入差距[J].当代财经,2014(11):5-13.

[104] 姜伟.所有制结构变化对我国劳动收入占比影响的实证研究[J].现代管理科学,2016(8):84-86.

[105] 周明海,肖文,姚先国.企业异质性、所有制结构与劳动收入份额[J].管理世界,2010(10):24-33.

[106] 叶林祥,李实,罗楚亮.行业垄断、所有制与企业工资收入差距:基于第一次全国经济普查企业数据的实证研究[J].管理世界,2011(4):26-36.

[107] 杨娟,Sylvie Démurger,李实.中国城镇不同所有制企业职工收入差距的变化趋势[J].经济学(季刊),2011(10):289-307.

[108] 陈斌开,许伟.所有制结构变迁与中国城镇劳动收入差距演变:基于"估计-校准"的方法[J].南方经济,2009(3):9-20.

[109] 唐未兵,傅元海.所有制结构变迁对我国居民收入差距的阈值效应[J].马克思主义研究,2013(2):47-61.

[110] Chenery H B. Poverty and Progress: Choices for the Developing World[J]. Finance Dev, 1980,17(2):12-16.

[111] 项俊波.中国经济结构调整的战略选择[J].理论参考,2009(12):15-19.

[112] Taylor L. Reconstructing Macroeconomics: Structuralist Proposals and Critiques of the Mainstream[J]. Journal of Economics,2004,43(1):141-143.

[113] 马颖.爱尔玛·阿德尔曼的结构主义收入分配理论述评[J].经济评论,2004(6):58-61.

[114] 周明海,姚先国.功能性和规模性收入分配的内在联系:模式比较与理论构建[J].经济学动态,2012(9):20-29.

[115] García-Peñalosa C, Turnovsky S J. Production Risk and the Functional Distribution of Income in a Developing Economy[J]. Journal of Development Economics, 2005, 76(1):175-208.

[116] Vernon R. International Investment and International Trade in the Product Cycle[J]. The Quarterly Journal of Economics, 1966, 80(2): 190-207.

[117] Mirrlees J A, Kaldor N. A New Model of Economic Growth[M]. Palgrave Macmillan UK, 1971.

[118] Sergio R. Long-Run Policy Analysisand Long-Run Growth[J]. Journal of Political Economy, 1991, 99(3):500-521.

[119] Douglas W. Diamond. Financial Intermediation and Delegated Monitoring[J]. The Review of Economic Studies, 1984, 51(3):393-414.

[120] Grossman S J, Hart O D. The Costs and Benefits of Ownership: A Theory of Vertical and Lateral Integration[J]. Journal of Political Economy, 1986, 94(4):691-719.

[121] Jonathan T, Tim W. Income Fluctuation and Asymmetric Information: An Example of a Repeated Principal-Agent Problem[J]. Journal of Economic Theory, 1990, 51(2):367-390.

[122] Philippe A, Dewatripont Mathias, Rey Patrick. Renegotiation Design with Unverifiable Information[J]. Econometrica, 1994, 62(2):257-282.

[123] Tirole J. 公司金融理论[M]. 王永钦等译. 北京：中国人民大学出版社, 2007.

[124] Martimort D, Moreira H. Common Agency and Public Good Provision under Asymmetric Information[J]. Theoretical Economics, 2010, 5(2):159-213.

[125] Simon K. Economic Growth and Income Inequality[J]. The American Economic Review, 1955, 45(1):1-28.

[126] Atkinson A B. Incomes and the Welfare State[M]. Carbridge: Cambridge University Press, 1996.

[127] Piketty T. A Federal Voting Mechanism to Solve the Fiscal-externality Problem[J]. European Economic Review, 1996, 40(1):3-17.

[128] Philippe A, Peter H. A Model of Growth Through Creative Destruction[J]. Econometrica,1992,60(2):323-351.

[129] Galor O, Tsiddon D. Human Capital Distribution, Technological Progress, and Economic Growth[J]. Discussion Paper Series-Centre for Economic Policy Research London,1994,06.

[130] Benabou R. Inequality and Growth[J]. NBER Macroeconomics Annual,1996(11):11-74.

[131] Lucas R E. Expectations and the Neutrality of Money[J]. Journal of Economic Theory,1972,4(2):103-124.

[132] Barro Robert J. Government Spending in a Simple Model of Endogeneous Growth[J]. Journal of Political Economy,1990,98(5):103-125.

[133] 拉丰,大卫.激励理论(第一卷)委托—代理模型[M].陈志俊等译.北京:中国人民大学出版社,2002.

[134] 让·雅克·拉丰,让·梯若尔.政府采购与规制中的激励理论[M].石磊,王永钦译.上海:格致出版社,2014.

[135] 夏庆杰,李实,宋丽娜,等.国有单位工资结构及其就业规模变化的收入分配效应:1988-2007[J].经济研究,2012(6):127-142.

[136] 吴振宇,张文魁.国有经济比重对宏观经济运行的影响[J].管理世界,2015(2):12-16.

[137] 应瑞瑶,马少晔.劳动力流动、经济增长与城乡收入差距[J].南京农业大学学报(社会科学版),2011,11(2):63-71.

[138] 吴浜源,王亮.城镇化、工业化与城乡收入差距[J].经济问题探索,2014(50):7-12.

[139] 刘渝琳,陈玲.教育投入与社会保障对城乡收入差距的联合影响[J].人口学刊,2012(2):10-20.

[140] 孙永强,万玉琳.金融发展、对外开放与城乡居民收入差距[J].金融研究,2011(1):28-39.

[141] 刘瑞明.所有制结构、增长差异与地区差距:历史因素影响了增长轨迹吗?[J].金融研究,2011(2):16-27.

[142] Markandya S, Streimikiene E D. Energy Efficiency in Transition Economies: Is There Convergence towards the EUAverage?[J]. Social

Science Research Network Electronic Paper,2004(89).

[143] 齐绍洲,李锴.区域部门经济增长与能源强度差异收敛分析[J].经济研究,2010(2):109-122.

[144] 李静,蒋长流.农业劳动生产率区域差异与农业用能强度收敛性[J].中国人口·资源与环境,2014(11):17-25.

[145] 钞小静,沈坤荣.城乡收入差距、劳动力质量与中国经济增长[J].经济研究,2014(6):30-43.

[146] 陈斌开,林毅夫.发展战略、城市化与中国城乡收入差距[J].中国社会科学,2013(4):81-102.

[147] 宋洪远,高强.农村集体产权制度改革轨迹及其困境摆脱[J].改革,2015(2):108-114.

[148] 罗来军,罗雨泽,罗涛.中国双向城乡一体化验证性研究[J].管理世界,2014(11):60-79.

[149] 薛宝贵.我国城乡居民收入差距问题研究[D].西安:西北大学,2016.

[150] 韩其恒,李俊青.二元经济下的中国城乡收入差距的动态演化研究[J].金融研究,2011(8):15-30.

[151] 肖卫,朱有志.合约基础上的农村公共物品供给博弈分析:以湖南山区农村为例[J].中国农村经济,2010(12):26-36.

[152] 王永慕.二元金融结构、市场化进程与城乡收入差距[D].重庆:西南大学,2013.